Vivre mieux au quotidien

Vittoz mode d'emploi

La ***Chronique Sociale*** est à la fois un organisme de formation et de recherche et une maison d'édition. Fondée à Lyon en 1892, elle s'est préoccupée dès ses origines de sensibiliser aux évolutions de la société et de suggérer une organisation de la vie collective, plus solidaire et plus respectueuse des personnes.

Actuellement, les ***Éditions de la Chronique Sociale*** publient des ouvrages et des jeux pédagogiques qui contribuent à mettre en œuvre ces orientations. Issus de pratiques professionnelles et sociales, ils sont au service de tous ceux qui s'efforcent de mieux comprendre le monde.

Chacun pourra s'approprier ces outils et les utiliser, tant pour son développement personnel que pour une action collective efficace.

www.chroniquesociale.com

Illustration couverture : Bertrand.69
Responsable des Éditions : André Soutrenon
Correction : Gil Mozzo
Imprimeur : Imprimerie Darantiere

Chronique Sociale, Lyon, Dépôt légal : janvier 2008

N° d'impression : 27-2006

Imprimé en France

Francis Gibert

Christiane Guyon-Gellin

Docteur Annick Leca

Vivre mieux au quotidien

Vittoz mode d'emploi

2e édition

Comprendre les personnes

l'essentiel

Chronique Sociale
7, rue du Plat - 69002 Lyon
Tél. : 04 78 37 22 12

Vivre mieux au quotidien

Liste des encarts

*"Ce n'est pas le travail qui fatigue
mais la manière de le faire"*

Docteur Roger Vittoz[1]

1. Docteur Roger Vittoz, *Angoisse ou contrôle*, Docteur P. d'Espiney, *Notes et pensées*, (Choix de textes sur la méthode Vittoz), Pierre Téqui, 1992, p. 78.

Introduction

L'insatisfaction, les échecs, les déceptions qui accompagnent la vie de nos contemporains entraînent des pertes de temps considérables et des dépenses vaines pour obtenir une amélioration. Le Dr. Vittoz avait déjà repéré ces phénomènes et les avait remarquablement décrits et analysés.

La perte de contact avec le monde, avec soi-même et les autres génère l'angoisse et, petit à petit, des douleurs diffuses et la dépression.

Pour tenter de résoudre ce malaise généralisé, nous retrouvons différentes attitudes chez ceux qui, à l'heure actuelle, essayent de vivre mieux.

- Celle simpliste de croire que tout doit se résoudre magiquement, sans efforts.
- La recherche intellectuelle de l'origine des problèmes et des symptômes.
- L'attitude, plus récente et que le Dr. Vittoz n'a pas connue le culte de l'image du corps (esthétique, body building) favorisé par la société de consommation.

Mais la souffrance est toujours là. Et la question revient sans cesse : Que pouvez-vous pour moi ?

Curieusement la proposition d'une rééducation n'étonne plus nos contemporains. Ils sentent bien que quelque chose « cloche » et ils sont prêts à tenter cette expérience pourtant en contradiction avec tout ce qui leur a été proposé jusqu'à maintenant.

En fait de quoi s'agit-il ? Que propose la méthode Vittoz ?

La rééducation du contrôle cérébral à savoir devenir conscient en développant nos facultés sensorielles. Remettre en place une structure de base sur laquelle viendront se greffer et se développer les capacités de concentration, de mémoire et de jugement. Et ainsi retrouver un contact simple et efficace avec le monde, les autres et la nature.

Une juste conscience de ce que je veux faire de ma vie et de comment je peux me réaliser.

Le Docteur Roger Vittoz parle de sa méthode

Nul mieux que le Docteur Vittoz pouvait présenter sa méthode aussi nous lui laissons la parole en citant ses écrits :

« Les théories sont surtout bonnes pour les médecins, peut-être moins pour les malades, si attrayantes, si bien étudiées soient-elles. Ici je me fais plutôt le porte-parole de nombreux malades qui, après avoir tout essayé, tout tenté, ne peuvent se reprendre. Ils sentent qu'ils ont de l'énergie, de l'intelligence, qu'ils pourraient être comme les autres, s'ils savaient... Mais comment ? Ils ne veulent plus seulement de bonnes paroles, ils veulent un fait, une preuve qui leur montre le pourquoi de la maladie ; et quelque chose de plus tangible, de plus concret pour leur apprendre à se guérir. Eh bien, la rééducation doit le leur donner.

Je n'ai pas vu, jusqu'à présent, de malades qui n'en comprennent la nécessité ; je n'en ai pas vu qui, l'ayant approfondi, n'en reconnaissent la véracité. Tous reconnaissent qu'elle répond à un besoin instinctif, qu'ils sentaient, mais qu'ils n'avaient pas suffisamment déterminé. Ce fait seul en démontre la valeur. La rééducation en elle-même n'est pas une théorie, elle est un fait pratique, mais qu'il faut mettre en pratique, et c'est la seule pierre d'achoppement pour certains malades. La plupart voudrait se guérir sans effort : il est si facile d'avaler une pilule ou d'écouter de bonnes paroles ! Mais il est plus difficile de vaincre une habitude, d'en créer de nouvelles qui soient saines et bonnes. Oui, je le reconnais, c'est le défaut de toute bonne chose : il faut la mériter par de la persévérance, de la sincérité, mais il y a le plaisir de vaincre, le bonheur de se sentir toujours plus maître de soi, de voir s'évanouir la désespérance, de se sentir homme et normal et par-dessus tout de retrouver sa foi, ses affections, ses intérêts et la joie de vivre. Tout cela ne vaut-il pas un effort ?

Il est évident qu'au début (devant notre méthode), le malade a tout droit d'être sceptique, même s'il comprend ce qu'il doit faire. Le procédé lui semble enfantin et il ne peut croire qu'un exercice puisse faire disparaître une angoisse ou calmer sa nervosité ; il lui parait très naturellement qu'il y a une disproportion si évidente entre un acte si simple et un symptôme si accentué, qu'il ne peut y donner sa complète adhésion.

Nous ne lui demandons pas de croire mais d'essayer. C'est à nous de corriger ses essais et à lui d'en reconnaître les effets, rien de plus. Ce qu'il oublie c'est que tout acte de vrai contrôle est en même temps un mécanisme forcément simple et nullement compliqué qu'il doit apprendre à connaître, à vérifier et à utiliser.

Tout intellectuel a surtout la propension à lutter par l'idée mais le meilleur musicien ne pourra donner de note juste sur un piano non accordé. La rééducation du mécanisme est l'accord du piano : premier acte à faire avant de chercher à modifier les idées.

Une des meilleures preuves en faveur du mécanisme, c'est que les fausses notes ou les idées fausses disparaissent d'elles-mêmes, dès que le mécanisme devient normal, sans effort, sans même que le patient n'y prenne garde. La foi s'épanouit comme une fleur qui, après avoir été dans l'obscurité, revoit le soleil : ses sentiments affectifs, l'intérêt de toute chose se retrouvent, sans qu'il soit besoin de les chercher.

Comment expliquer un pareil phénomène obtenu par des exercices si simples, sinon par un mécanisme faussé que l'on harmonise de cette façon.

Nous avons vu des malades n'ayant jamais compris le traitement, n'ayant aucune idée même de ce que le contrôle pouvait représenter, se guérir par la simple répétition purement mécanique de la série des exercices. »[2]

2. Docteur Roger Vittoz, *Angoisse ou contrôle*, Docteur P. d'Espiney, *Notes et pensées*, (Choix de textes sur la méthode Vittoz), Téqui, 1992, pp. 59 à 62.

Avertissement

Ce recueil est destiné aux personnes qui veulent

- soit s'initier à la pratique de la méthode du docteur Vittoz et qui ne peuvent en raison de leur situation géographique avoir recours à un praticien de proximité pour les accompagner ;
- soit servir aux personnes qui ont déjà expérimenté ces exercices et souhaitent poursuivre leur entraînement.

En conséquence, nous n'avons pas précisé pour chaque exercice la façon de contrôler leur « bon déroulement » à l'aide des vibrations cérébrales comme le pratiquait le Docteur Roger Vittoz qui les avait découvertes[3].

L'ensemble de ces exercices constitue un tout cohérent, ne demande ni temps, ni matériel. Ils sont efficaces à condition **d'être inscrits dans notre vie quotidienne** rythmant nos journées

3. Docteur Roger Vittoz, *Traitement des psychonévroses par le contrôle cérébral*, DDB, 1993, p. 39.

d'instants de détente et de ressourcement. Peu à peu, chacun repère les exercices qui sont, pour lui, les plus performants.

Malgré la simplicité apparente de ces exercices, la nécessité d'un accompagnement par un professionnel de la méthode ou la pratique en groupe s'avèrera utile et complémentaire.

Identifier les spécificités de la méthode Vittoz

Face aux rythmes actuels et au stress qui en découle, la méthode Vittoz *propose une thérapie visant à rétablir l'équilibre physique et psychologique des personnes.*

Elle permet, en développant l'état de présence et une attitude active, d'améliorer l'attention, la concentration, la mémoire, la découverte de soi, la confiance en ses propres potentialités et procure un sentiment de liberté.

Elle installe une meilleure relation aux autres et développe la créativité.

Chapitre 1

Vittoz
Un médecin-une méthode

Le Dr. Vittoz (1863-1925) est un des premiers psychosomaticiens. Son ouvrage *Traitement des psychonévroses par la rééducation du contrôle cérébral* met à la portée de chacun des exercices qui permettent de rétablir ce qu'il a appelé « le contrôle cérébral ».

Médecin généraliste il a constaté que les « malades nerveux » composaient l'essentiel de sa clientèle. Il a donc cherché une technique dans laquelle le patient serait actif car il lui paraissait nécessaire qu'il devienne l'artisan de sa propre guérison. En proie aux mêmes difficultés, il a mis au point sa méthode qu'il a expérimentée sur lui-même.

Il a choisi l'appellation « Méthode ». Suivant l'étymologie grecque cela signifie « la route », « le **chemin** ». La Méthode Vittoz est bien un chemin dont les différentes étapes sont décrites dans cet ouvrage.

J'avais fait un parcours de rééducation fonctionnelle Vittoz et j'étais très heureuse des découvertes faites qui me permettaient de vivre plus unifiée, réceptive, calme, appréciant le don du moment présent, moins « dans la tête ».

Je me traînais une enfance cauchemardesque. J'avais travaillé sur ce problème en participant à des groupes de psychothérapie qui m'avaient bien aidée à améliorer ma relation aux autres et à vivre correctement. Je n'étais plus dans la survie et c'était un vrai progrès. Mais je gardais un poids constant, une angoisse diffuse, une gêne en face des autres. Je m'y étais habituée, cela faisait partie de ma vie.

Lors d'une séance Vittoz, j'exprime ce mal-être. Je résume ce que j'avais vécu dans mon enfance, exprime ce qui m'a aidée à m'en sortir et ce que j'ai tiré de positif de cette expérience douloureuse. J'accepte un exercice d'élimination/restauration. Je ne me rappelle pas précisément en quoi a consisté cet exercice, sinon qu'il m'a semblé bref et trop simple. J'ai écrit un mot exprimant mon problème et je l'ai effacé complètement, lentement, en vivant profondément ce que je faisais, très concentrée. Quand le mot eut totalement disparu, j'ai éprouvé une réelle libération, ce poids qui m'habitait s'était évanoui avec le mot, j'avais du mal à croire qu'il ne s'agissait pas d'une simple illusion, je sentais mon corps plus léger, un dynamisme tout neuf, une paix intérieure.

Les années ont passé et je peux affirmer que ces quelques minutes d'exercice m'ont réellement libérée de ce fardeau du passé, j'en suis encore très étonnée : comment un exercice aussi simple peut-il avoir une telle efficacité sur un problème très ancien et bien ancré dans ma vie ? Je suis aussi persuadée que le talent du thérapeute Vittoz joue un rôle essentiel : **les séances Vittoz précédentes m'avaient préparée à réussir cet exercice**.

Mon mal-être n'est plus là, je suis plus libre pour entrer en relation. Et mon expérience de grande souffrance me permet de me sentir proche des personnes qui souffrent, solidaire et donc parfois de les aider.

Le plus grand mal de ma vie a été transformé en bien, en une capacité de construire, c'est une réelle expérience de salut.

Joëlle

Ce témoignage peut vous paraître miraculeux donc suspect !

Nous tenons à préciser que le mot choisi représente le vécu profond de Joëlle. Le « dire vrai ! »

Son travail, par les exercices fonctionnels, l'a préparée à cette prise de conscience, à cette libération consentie.

Il est évident qu'écrire et effacer un mot quelconque n'aura que peu d'effets, sinon un certain apaisement face à un événement. Encore faut-il que ce soit fait au moins en acte senti.

Chapitre 2

La rééducation du contrôle cérébral

Le Dr. Vittoz discerne une constante chez toutes les personnes qui souffrent de troubles nerveux : un fonctionnement défectueux du cerveau qu'il attribue au manque ou à l'instabilité du contrôle cérébral.

« *Nous définirons le contrôle cérébral comme une faculté inhérente à l'homme normal, destinée à équilibrer le cerveau inconscient et le cerveau conscient. Nous entendons par équilibre cérébral normal : lorsque chaque idée, impression ou sensation, peut-être contrôlée par la raison, le jugement, la volonté, c'est-à-dire qu'elle peut-être jugée, modifiée ou écartée*[4]. »

Le but de la Méthode Vittoz est donc de rééduquer le contrôle cérébral dont le rôle est la mise au point de nos actes, de nos sensations et de nos idées.

Pour le Dr. Vittoz, le manque de contrôle est la conséquence d'un **défaut d'équilibre** entre

4. Docteur Roger Vittoz, *Traitement des psychonévroses par le contrôle cérébral*, DDB, 1993, p. 17.

l'émissivité (la pensée) et la réceptivité (la conscience). Ces notions sont précisées plus loin.

Lorsque ce contrôle est habituel, il est automatique et donne l'impression d'harmonie et d'unité. La personne incontrôlée, au contraire, sent que quelque chose lui manque. Elle se sent submergée par des émotions qui l'envahissent ou impuissante devant une idée obsédante qu'elle ne peut écarter.

Les *symptômes douloureux* provoqués par le manque ou l'instabilité du contrôle sont nombreux. Ils peuvent être *physiques* puisque le contrôle s'exerce aussi sur nos organes: palpitations, spasmes, troubles du système circulatoire, digestif, génital, urinaire, etc.

Ils peuvent être *mentaux* ce qui se manifeste par une certaine mémoire déficiente, des oublis fréquents: on cherche ses lunettes; on se demande si on a bien fermé le gaz ou l'électricité; on est surmené intellectuellement; on est incapable de suivre une lecture, de rédiger une synthèse, d'organiser ses idées.

Chapitre 3

Des repères théoriques

> **Recevoir-Accepter-Accueillir**
>
> Ces trois mots sont employés en permanence dans la pratique de la méthode Vittoz. Ils expriment l'attitude que la méthode va nous permettre d'acquérir.

C'est à partir de l'observation du fonctionnement du cerveau à l'état normal que le Dr. Vittoz élabore sa méthode.

Notre cerveau travaille dans une alternance d'émissivité et de réceptivité.

La *réceptivité* est la faculté que nous avons de recevoir aussi bien les messages du monde extérieur que ceux de notre propre corps. L'*émissivité* est la capacité que nous avons à émettre constamment des pensées, des paroles, des gestes, des images, etc. Pour retrouver une émissivité fluide, souple, contrôlée, il est nécessaire de savoir d'abord recevoir correctement.

La réceptivité

La « rééducation du contrôle cérébral » va rétablir le bon fonctionnement de la réceptivité.

Pour la personne en difficulté sur le plan nerveux, la réceptivité consciente est toujours déficiente.

Nous sommes réceptifs par tout notre être. Nous le sommes par nos **cinq sens** qui nous mettent en relation avec le monde extérieur. Nous le sommes aussi par les sensations qui nous parviennent de notre propre corps. Mais la plupart du temps, nous le sommes d'une manière automatique et donc inconsciente ou peu consciente. D'où l'importance de **s'entraîner**, à l'aide d'exercices précis, à voir, entendre, toucher, sentir, goûter, ressentir son corps d'une manière plus immédiate, plus objective, en évitant toute association ou projection sur l'objet considéré.

- « *Regardez comme l'enfant au réveil* » dit le docteur Vittoz[5].
- Voir, c'est, accueillir, sans effort, sans *a priori*, les couleurs, les formes, les objets, les ombres et les lumières.
- Entendre c'est recevoir les sons qui parviennent dans l'instant, sans attention forcée et sans désir

5. Docteur Roger Vittoz, *Angoisse ou contrôle*, Docteur P. d'Espiney, *Notes et pensées*, (Choix de textes sur la méthode Vittoz), Pierre Téqui, 1992, p. 39.

de capter. C'est en quelque sorte se laisser pénétrer par le son sans commenter et sans juger.

- Il en va de même pour le toucher, le goût et l'odorat.
- Nous apprenons ainsi à suspendre, une seconde ou deux, sans effort, le déroulement de nos pensées en plongeant dans la sensation.
- Nous apprenons aussi à « accueillir » les sensations qui nous parviennent de notre corps, par exemple en bougeant légèrement la tête, les mains, les pieds.

Les connaissances scientifiques sur le cerveau et le système nerveux ont évolué et ce qui n'était chez le Docteur Vittoz qu'une intuition est désormais scientifiquement avéré. Nous savons aujourd'hui qu'en se mettant dans une situation de sensation pure (réceptivité) le cerveau se met automatiquement « au repos ».

Il ne s'agit pas de rechercher une absence de pensée. S'installer simplement dans la sensation arrête la pensée et l'émotion lorsqu'elle est envahissante. La répétition des exercices est nécessaire pour bien entrer dans cette réceptivité car nous sommes habitués à fonctionner dans le mental.

Sentir-Ressentir-Consentir

Les difficultés à sentir trouvent leur origine soit dans l'enfance soit dans un traumatisme récent.

Dans les deux cas se met en place une « anesthésie » et un vagabondage de la pensée. Autrement dit, pour ne pas sentir, le cerveau se met à penser et la pensée prend toute la place de telle sorte que, bien qu'enregistrées, les sensations ne sont plus prises en compte.

C'est parce que je prends le temps de nommer les sensations que les circuits nerveux de la réceptivité vont être réactivés.

Nous pourrons alors vivre nos émotions et consentir à nos sentiments d'une manière plus juste.

Consentir implique **l'acceptation** et **la juste réaction**.

Nous employons le mot juste dans le sens du vocabulaire musical : une note juste, elle chante juste.

Comment vivre le Vittoz

Le contrôle cérébral au quotidien

Heureusement pour nous la faculté de contrôle est spontanée et naturelle. Elle s'exerce automatiquement dans presque toutes les circonstances. Chacun d'entre nous a relevé ses difficultés en pratiquant les exercices.

Mais une fois que nous les avons appris qu'en faisons-nous ?

Comment les utiliser ?

Comment réussir à les intégrer dans nos activités quotidiennes ?

Comment faire le lien entre les exercices et les situations d'incontrôle ?

Autrement dit comment vivre le Vittoz aujourd'hui ?

Toute la journée, nous exerçons nos facultés. En ce moment nous lisons. Nous éliminons la tentation de penser que, dehors au soleil, nous serions mieux, ainsi que toutes les préoccupations inhérentes à notre vie quotidienne. Mais très souvent, nous n'exerçons pas nos facultés critiques et nous nous laissons submerger. Nous lisons sans savoir ce que nous lisons.

Comment, en pratique, développer notre contrôle cérébral, c'est-à-dire devenir plus conscient ?

Deux manières de procéder :

- par la pratique quotidienne des exercices de base ;
- par le balayage quotidien du champ de conscience.

Il est important d'introduire, dans notre vie quotidienne, nos exercices préférés en les associant à nos habitudes, par exemple se déplacer chez soi pendant quelques minutes en marche consciente. Nous ne sommes plus à l'époque du Dr. Vittoz qui prescrivait la pratique des exercices cinq minutes toutes les heures. Notre sens de l'autodiscipline est beaucoup moins développé que celui de nos aînés. Nous devons par conséquent trouver des solutions originales et les pratiquer. Ce sont des échauffements et des assouplissements comme pour un sportif ou des gammes comme pour un musicien.

Cette attitude active qu'est la réceptivité consciente va s'appliquer aux actes les plus courants de la vie quotidienne qui deviennent alors des actes sentis puis des « actes conscients ».

« *Avoir conscience d'un acte, ce n'est pas le penser mais le sentir* » dit le Dr. Vittoz[6]. Par exemple, dès le matin, en se levant, sentir le contact du sol sous la plante des pieds, sentir la mobilité des articulations des genoux pendant la marche, accueillir les bruits qui parviennent de la rue, de la maison, sentir le contact des vêtements, de l'eau lors de la toilette, la chaleur, la saveur de la boisson du matin. Il s'agit là **d'actes sentis**.

L'acte conscient, lui, est tout d'abord décidé, puis senti, enfin, il est vérifié dans sa justesse et ses effets. Il y a donc un début et une fin. L'accord entre intention, décision et action entraîne une sensation d'unité. On est plus calme, plus présent. Si ce résultat n'est pas atteint, on peut conclure que l'acte n'a pas été réellement senti. Il a été pensé. Il convient alors de renouveler les exercices jusqu'à l'obtention d'un résultat satisfaisant.

En vivant dans la sensation des « actes conscients », nous apprenons à vivre le moment

6. Docteur Roger Vittoz, *Angoisse ou contrôle*, Docteur P. d'Espiney, *Notes et pensées*, (Choix de textes sur la méthode Vittoz), Pierre Téqui, 1992, p. 39.

présent, sans retour sur le passé pour les scrupuleux et sans anticipation vers l'avenir pour les anxieux.

Vivre le moment présent est une expérience qui donne un **sentiment de paix, de sécurité et de plénitude**.

La pratique des actes conscients peut suffire à améliorer un état d'incontrôle.

Par cette notion toujours présente du travail de rééducation, par cet entraînement régulier et sincère, nous devenons **responsables** autant de nos **pensées** que de nos **actes**. Nous ne pouvons plus rejeter sur les autres la responsabilité de nos échecs et de nos déceptions qui sont le lot de tout être humain.

Le but de la thérapie Vittoz est de nous rendre de plus en plus objectif sur notre vie et sur les événements qui se présentent et capables de s'accepter et d'accepter « l'autre » avec ses qualités, ses défauts, avec droit à l'erreur et droit à la réussite.

C'est pourquoi, cette méthode peut apporter une aide efficace devant un mal dont souffre de plus en plus l'homme d'aujourd'hui, à savoir le vide existentiel générateur d'angoisse.

À propos de l'acte conscient

Fait-on ces exercices pour se débarrasser, comme une contrainte, ou bien les considère-t-on comme quelque chose d'étranger à la vie ?

Or les mettre à côté de sa vie c'est placer le ferment à côté de la pâte ou pousser la clef juste à côté de la serrure.

Mettre le contrôle des actes dans sa vie, c'est sentir la rotation du poignet quand on ouvre la porte, la flexion du tronc quand on lace ses chaussures, le mouvement de la main quand on se peigne.

Les vibrations cérébrales

C'est une sorte d'auscultation du cerveau comparable à celle du cœur ou des poumons pratiquée par les médecins, vibrations que le Docteur Vittoz a découvertes et auxquelles on a donné le nom de « phénomène Vittoz ».

Le thérapeute vittozien perçoit ces vibrations à la main. Il peut, par exemple, différencier un cerveau émissif d'un cerveau réceptif. Cela lui permet d'orienter la thérapie et de vérifier l'efficience de la rééducation fonctionnelle.

La concentration

Les exercices de concentration vont rééduquer l'émissivité. « *La concentration est la faculté de pouvoir fixer sa pensée sur un point donné, de suivre le développement d'une idée sans se laisser distraire, simplement de pouvoir s'abstraire dans une lecture, dans un travail quelconque*[7]. » Les difficultés d'attention sont souvent la conséquence d'un « vagabondage cérébral ». La pensée saute perpétuellement d'une image, d'une idée, d'un intérêt à un autre. Un effort considérable devient nécessaire pour fixer l'attention. Cet effort se fait alors dans la crispation. Cette crispation est le contraire de l'attention qui doit être fluide, détendue, disponible.

Une concentration efficace ne peut se faire que dans la **détente**.

La rééducation de la volonté

La volonté est une énergie libre, intelligente qui est en nous et qui s'épanouit dans certaines conditions. Il n'est question ni de tension, ni de crispation encore moins de volontarisme. Plus on est tendu moins la capacité de « vouloir » peut s'exercer, c'est ainsi qu'il faut parfois déployer une énergie excessive pour accomplir un acte qui en requiert peu.

7. Docteur Roger Vittoz, *Traitement des psychonévroses par le contrôle cérébral*, DDB, 1993, op. cit., p. 62.

Dressage-Discipline

Le Docteur Vittoz employait le terme de dressage dans le sens de « mettre debout ». Il ne craignait pas l'emploi de ce mot. Nous devons admettre et reconnaître que la répétition des exercices est indispensable si nous voulons vraiment aller mieux.

Il faudra pour cela **mettre en place des stratégies** parmi lesquelles nous proposons l'intégration systématique d'un ou plusieurs exercices dans vos habitudes quotidiennes.

Exemples :

- prendre un petit déjeuner en réceptivité
- monter les escaliers en marche consciente
- réaliser une lecture quotidienne à haute voix, etc.

Vous pourrez en plus tenir un carnet de vos découvertes et de vos progrès.

À vous de repérer votre exercice favori.

La volonté permet d'**exercer la capacité de décision**. Si l'idée de l'acte à accomplir est nette, si l'acte est possible et choisi consciemment, si on y adhère totalement sa réalisation s'accomplira.

Les techniques d'élimination

Une fois la réceptivité et la concentration ancrées, la pratique des techniques d'élimination constituent une nouvelle étape de la thérapie. L'état de conscience et de contrôle que l'on a mis en place peut être fragilisé par les agressions quotidiennes et par les émotions.

S'il est vrai que la réceptivité et les actes conscients donnent une possibilité de récupération immédiate, ils n'en reste pas moins que des impressions désagréables ont été enregistrées.

Les techniques d'élimination permettent d'éviter que ces sensations négatives continuent de nous perturber. Ces techniques ne sont abordées qu'après un certain apprentissage de la méthode.

Pour la plupart d'entre nous, l'apprentissage fonctionnel du Vittoz est terminé. Il est essentiel de continuer à le pratiquer dans la vie de tous les jours.

Pour d'autres, il faudra peut-être, aller plus loin.

L'élimination journalière aura montré une répétition de sentiments agressifs ou d'émotions provenant d'un même type d'événements. Dans ce cas, il est nécessaire d'entamer un travail plus particulièrement psychique.

La relaxation psychosensorielle

La relaxation psychosensorielle est un des moyens utilisés pour installer les différentes étapes de la thérapie.

Le docteur Vittoz ne l'appelait pas ainsi mais les exercices qu'il proposait préfiguraient les techniques actuelles de relaxation.

Aux exercices de détente et de « lâcher prise » inhérents à la relaxation se greffent des exercices pour le développement de la réceptivité et de l'émissivité telles qu'elles sont définies plus haut.

La relaxation est un moyen privilégié pour entrer en relation avec son corps, son environnement, et va permettre d'être plus conscient de son état physique et psychique. Elle favorise la mise en activité contrôlée du cerveau, ce qui amène au repos et à la découverte de l'alternance énergie/détente. Elle nous rend actifs et autonomes.

La relaxation Vittoz génère un état de **présence à soi, aux autres et au monde**, le sentiment de sa propre unité et de sa juste place.

Le Vittoz psychique

Le Dr. Vittoz dit: « *Le traitement psychique s'adresse à l'idée, à la conception de la pensée, aux différentes modifications que l'état maladif imprime à l'esprit et comment il dénature les faits, les idées, les sentiments [...] et le malade peut se rendre compte que l'idée précède le symptôme [...] il a en mains les armes suffisantes pour se guérir.... il ne lui reste donc qu'à créer de nouvelles habitudes mentales*[8] ». Il s'agit là d'une thérapie de libération et de reconstruction.

On aurait tort de penser qu'il y a un temps pour la thérapie fonctionnelle, telle qu'elle a été définie ci-dessus et un temps pour le traitement psychique. En effet, dès les premiers exercices, un travail psychologique s'instaure, les exercices entraînant des changements d'attitude dans la vie.

8. Docteur Roger Vittoz, *Traitement des psychonévroses par la rééducation du contrôle cérébral*, DDB, 1993, p. 89.

Deuxième partie

Cerner le protocole des exercices Vittoz

Installation

En préalable à l'exécution de certains exercices, nous vous proposons ce que nous appelons une « installation ».

Assis, debout ou allongé, accueillez vos points de contact avec le sol, le siège ou le canapé, c'est-à-dire prenez conscience de la place que vous occupez sur le support choisi.

Accueillez votre respiration.

Faites confiance à ce support, ce qui veut dire que vous lâchez vos tensions, vous vous laissez porter.

Puis situez-vous dans le lieu où vous êtes et accueillez votre environnement : les bruits ou le silence, les formes, les couleurs, les odeurs.

Sentez-vous occuper votre place, toute votre place, rien que votre place.

Sentez-vous présent à vous-même, présent au monde.

Vous pouvez affirmer « j'existe parce que j'ai un corps ».

Cette installation peut être utilisée lors d'une difficulté, d'une émotion, d'un stress. Nous l'appelons alors une reprise.

1

Étape

Première étape : la réceptivité

Comment accueillir le monde et soi-même grâce à nos cinq sens ?

Vittoz dit : « *Il faut jouir pleinement de tout pour augmenter en nous la vie*[9] ».

Buts : - être présent à ce que je fais ;

- sentir et goûter les choses simples de la vie ;
- stopper le tourbillon incessant de mes pensées ;
- sentir que j'ai un corps ;
- accueillir l'autre tel qu'il est, dans la couleur de ses vêtements, la forme de son visage, le son de sa voix, etc. sans *a priori* et sans jugements

9. Docteur Roger Vittoz, *Angoisse ou contrôle*, Docteur P. d'Espiney, *Notes et pensées*, (Choix de textes sur la méthode Vittoz), Pierre Téqui, 1992, p. 116

Sentir-Sensation

Par abus de langage, nous parlons de nommer les sensations alors qu'en fait il s'agit de les qualifier. Nous vous proposons de nommer les sensations à voix haute. Voici une liste non limitative :

- les sensations : tactiles : doux, lisse, rugueux, râpeux, épais, piquant ;
- les sensations de formes : grand, petit, rond, carré, anguleux, pointu, informe.
- les sensations gustatives : salé, sucré, amer, piquant, acide, astringent (artichaut).
- les sensations olfactives : fruité, capiteux, frais, marine.
- les sensations de poids et de pression : lourd, léger, pesant.
- les sensations visuelles : couleurs, formes, ombres et lumières.
- les sensations de température : chaud, froid, tiède, brûlant.

Exercice

Réceptivité visuelle

Premier exercice avec la vue

Choisissez un objet autour de vous et laissez venir à vous sa couleur, sa forme, sans juger.

Une réceptivité juste doit vous permettre de nommer les formes et les couleurs et non de nommer l'objet. Par exemple, le bleu du livre : « bleu », la couleur de la tapisserie « jaune » et non pas un livre, une tapisserie. Votre réponse est de l'ordre de votre sensation et non de votre savoir.

Exercice

Réceptivité auditive

Deuxième exercice avec l'ouïe

Là, maintenant, là où vous êtes, accueillez les bruits proches ou lointains, sans efforts. Promenez-vous d'un bruit à l'autre.

Recevez la voix d'une personne, le son de votre propre voix, sans juger. Découvrez la vibration des sons, découvrez le silence.

Exercice

Réceptivité tactile

Troisième exercice avec le toucher

Ce livre sur la table, prenez-le, sentez sa forme, son poids, sa texture.

Touchez votre peau, vos cheveux, vos vêtements. Profitez de tous les petits actes quotidiens pour accueillir la sensation d'une assiette, de l'eau qui coule sur la peau, de la serviette, des légumes que vous épluchez, du sac que vous portez, de la porte ou de la fenêtre que vous ouvrez ou que vous fermez, etc. sans commentaires.

En promenade ou dans la rue, une feuille, un tronc d'arbre, une barrière, un mur.

Réceptivité olfactive

Exercice

Quatrième exercice avec l'odorat

Vous avez l'embarras du choix : la cuisine, les parfums, la nature. Mais aussi les odeurs de la rue, du métro. Accueillez sans jugement toutes « mauvaises » odeurs, pour ne pas développer une mauvaise humeur contre le voisin, la société, le monde entier.

Se laisser surprendre à sentir les odeurs ignorées, subtiles, oubliées.

Réceptivité gustative

Exercice

Cinquième exercice avec le goût

Un verre d'eau, des herbes, du salé, du sucré… Laissez votre bouche s'imprégner de la sensation. Découvrez le goût et la consistance des liquides, des solides.

Servez-vous de vos repas quotidiens pour privilégier une bouchée. Redécouvrez le goût de vos aliments habituels.

Ne laissez pas les pensées revenir, arrêtez-les.

Laissez glisser les affects, les associations d'idées que ces exercices peuvent provoquer.

Le goût

Il existe quatre saveurs principales :

- le sucré
- le salé
- l'acide
- l'amer

Et une multitude de nuances comme les saveurs épicée, anisée, acidulée, vanillée...

Ces différentes saveurs sont détectées par les « papilles gustatives » situées sur la langue.

Pour mieux apprécier le goût, quatre sens interviennent : l'ouïe, l'odorat, le toucher et la vision.

Bien avant de goûter une clémentine, vous regardez sa couleur, sa forme, vous sentez son parfum subtil, vous touchez sa peau granuleuse, vous entendez quand vous l'épluchez et quand vous la croquez... Toutes ces sensations contribuent à rendre la clémentine encore plus appétissante. Alors, vous la dégustez et vous la trouvez parfumée, juteuse, rafraîchissante, sucrée ou acidulée.

Exercice

Sentir son corps respirer

Premier exercice

Vous respirez. Sentez votre corps respirer, sans efforts. Ça respire. Sentez où ça respire, votre nez, votre gorge, votre poitrine, vos côtes… Sentez votre ventre se soulever.

Accueillez l'air qui rentre dans vos narines, passe dans votre gorge, vos poumons. Évitez de bomber le torse mais sentez votre cage thoracique s'élargir jusque dans votre dos. Aidez-vous de vos mains si nécessaire.

Respirez ainsi deux ou trois fois en insistant sur l'expiration que vous prolongez jusqu'à la nouvelle inspiration que vous sentez rebondir toute seule.

Exercice

Sentir son corps debout

Deuxième exercice

Vous prenez conscience de votre axe vertical, de votre équilibre, de votre solidité sur le sol où vous êtes debout sur vos deux pieds, vos orteils bien étalés et la plante de vos pieds bien posée. Conscience de vos mains, de vos bras, de chaque partie de votre corps.

Pour mieux percevoir votre équilibre, vous allez déplacer légèrement votre corps à l'avant de vos pieds sans décoller les talons. Puis, sur vos talons sans décoller vos orteils du sol. Vous prenez conscience à chaque fois des tensions de vos jambes et de votre dos, vous êtes à la limite du déséquilibre. Vous portez alternativement le poids de votre corps d'un pied sur l'autre, en gardant votre corps dans l'axe vertical sans décoller vos pieds du sol.

Vous accueillez chaque fois la sensation du côté chargé puis du côté dégagé et du déplacement de votre centre de gravité. Vous revenez chaque fois à une position d'équilibre.

Vous êtes debout, en sécurité, sur le sol à cette place qui est la vôtre.

Nous croyons porter la terre entière alors que c'est la terre qui nous porte.

La méthode Vittoz vise à approfondir la conscience des différentes parties du corps.

Recevoir de façon prolongée notre contact avec le sol et prendre conscience de la façon dont nous nous appuyons va entraîner la prise de conscience de ce sur quoi nous nous appuyons dans notre vie.

En effet, nous nous appuyons sur le sol, sur notre fauteuil, mais aussi sur notre entourage, notre famille, nos relations, nos appartenances, nos convictions et nos croyances.

Nous croyons porter la terre entière alors que c'est la terre qui nous porte. D'où l'importance de discerner et de rappeler à notre corps et à notre conscience quelle est **la part de ce que nous portons** et quelle est **la part de ce qui nous porte**.

Toute installation doit donc commencer par la prise de conscience du contact du sol sous les pieds et du siège sous les fesses et sous les cuisses.

Tout temps de travail allongé doit de même commencer par la prise de conscience du contact du corps avec le sol ou le lit.

Dans notre verticalité se rappeler que c'est sur ses pieds qu'on tient debout. Prolonger la sensation de cet appui, pour l'intégrer au plus profond de notre être, participe à améliorer la confiance en nous. La sensation est là indiscutable, elle est sûre, elle ne donne pas prise au doute une fois qu'on en a fait l'expérience. Elle nous transforme progressivement par la pratique régulière.

La réceptivité-accueillir son corps

Exercice

Sentir son corps en mouvement

Troisième exercice

Après vous être installé, serrez votre poing droit puis sentez votre main s'ouvrir lentement. Bougez-la, bougez votre bras droit, sentez-les bouger.

Puis faites de même avec la main et le bras gauche. Vous pouvez faire cela avec vos pieds et vos jambes. Sentez-vous vous lever, vous asseoir, marcher, etc. Sentez si votre corps est contracté ou détendu. Sentez votre respiration, la place qu'occupe votre corps, l'unité de votre corps.

Exercice

La clémentine

Exercice récapitulatif

Posez une clémentine devant vous, sentez le geste, accueillez la couleur, la forme.

Prenez-la dans votre main, sentez son grain, sa forme. Roulez le fruit sur l'une de vos joues, recevez les sensations spécifiques de chaque joue. Roulez le fruit sur l'autre joue et accueillez ces nouvelles sensations.

Approchez la clémentine de vos narines et recevez l'odeur après l'avoir légèrement entaillée. Commencez à l'éplucher en recevant le bruit que vous faites en détachant la peau. Mettez la peau dans une main et le fruit dans l'autre. Accueillez successivement les différentes sensations du toucher et de l'odorat.

Détachez une tranche et portez-la à votre bouche. Accueillez le contact, la forme, la texture et sentez ce qui se passe dans votre bouche. Que sentez-vous ? Vous l'avalez ? Que sentez-vous maintenant ?

Dans quel état vous sentez-vous ?

Vous avez fait un exercice mobilisant globalement votre corps et vos sens.

2

Étape

Deuxième étape : les reprises

Les reprises sont nécessaires pour rompre un état d'incontrôle dès qu'on en prend conscience. La coupure doit être nette et caractérisée par un STOP bien articulé ou toute autre formule qui vous convienne.

Revenez alors à vos sensations, votre présence à vous-mêmes, aux autres et au monde.

Le faire autant de fois que nécessaire au cours de la journée.

Changer nos habitudes

Pour changer nos habitudes nous avons recours à l'apprentissage, à la répétition, jusqu'à ce que ces nouvelles manières d'être soient intégrées, naturelles et… conscientes.

Savoir ce qu'il faut faire ne suffit pas. Savoir comment le faire est mieux, mais le faire et le faire encore est le plus juste.

3

Étape

Troisième étape : les actes conscients

La confiance en soi

La confiance en soi vient de **l'exercice de ma réceptivité**.

Par ma réceptivité, je me connais et je ne m'illusionne plus. Les illusions détruisent ma confiance en moi. Plus je suis présent à moi plus j'ai confiance en moi.

Quand je perds confiance en moi c'est parce que je me suis cru capable au-delà de mes possibilités. Ma déception me fait dire : « je ne suis pas capable, je n'y arriverai jamais, je suis nul… » réactivant parfois d'anciennes injonctions parentales.

Se connaître et s'accepter tels que nous sommes est l'un des fruits de l'exercice de la réceptivité.

Elle va nous apprendre à évaluer nos capacités réelles. C'est-à-dire connaître nos limites et appréhender nos potentialités.

Maintenant que vous avez fait l'expérience des réceptivités sensorielles, vous allez les mettre en pratique dans les actes conscients qui sont des actes décidés, sentis, limités dans le temps et dont vous pourrez apprécier les résultats.

Buts : renforcer et cadrer les effets de la réceptivité.

Le Docteur Vittoz dit « *Il est inutile dans la rééducation de la conscience de chercher des actes compliqués ; les meilleurs sont les actes habituels, ceux que l'on fait le plus fréquemment*[10] ».

10. Docteur Roger Vittoz, *Traitement des psychonévroses par la rééducation du contrôle cérébral*, DDB, 1993, p. 55.

Exercice

L'acte conscient de base

Premier exercice

« Je décide d'ouvrir et de fermer une porte, une fenêtre. Je sais que je l'ai ouverte ou fermée parce que je l'ai sentie et non parce que je l'ai pensée. De même, je décide d'aller au lavabo, me laver et m'essuyer les mains. »

Vous pouvez établir une liste d'actes qui vous sont habituels et les exécuter, les ayant décidés, sentis et appréciés.

Vous pouvez constater la différence avec ce même acte exécuté machinalement.

Exercice

La marche consciente

Deuxième exercice

Elle consiste à marcher en sentant un pied puis l'autre, recevant la sensation du sol, puis le corps tout entier qu'accompagne le mouvement des bras.

Tout en marchant vous vous mettez en réceptivité au paysage, aux bruits, aux odeurs, à la sensation de l'air sur le visage, à votre respiration au rythme de vos pas, etc.

Sentez la souplesse de l'ensemble de votre corps en mouvement. Sentez si une sensation de calme et d'équilibre se répand dans tout votre corps.

Vous pouvez décider de faire deux ou trois fois le tour d'une pièce, monter quelques marches d'escalier, quelques pas dans la rue, dans le couloir d'un métro et bien sûr, dans la campagne.

Exercice

La lecture consciente

Troisième exercice

Décidez de lire un texte court, paragraphe d'un livre ou d'une revue.

Installez-vous confortablement en sentant bien vos points d'appui, en accueillant les bruits afin qu'ils ne vous gênent pas, la pièce dans laquelle votre voix va résonner.

Accueillez votre livre ou revue, son odeur, son grain, le bruit que vous faîtes en le feuilletant... puis lisez des yeux le texte sélectionné pour en comprendre le sens, pour vous familiariser avec lui.

Ensuite, vous allez lire ce texte à voix haute, pour vous. Sentez-vous lire, sentez votre corps dans sa position, le livre dans vos mains. Entendez votre propre voix, son timbre, son rythme. Vos yeux voient les caractères, les mots, les phrases.

La lecture devient alors un acte senti.

Maintenant, vous allez lire ce texte à un auditoire réel ou imaginaire en prenant soin de lire lentement, de bien articuler, de marquer la ponctuation, de réguler votre respiration.

Sentez-vous occuper votre espace sonore ni plus ni moins.

Imaginez que vous avez un très grand auditoire et qu'il est important d'être entendu par tout le monde.

Enfin, fermez votre livre et retrouvez ce que l'auteur a dit autant dans les expressions que dans le sens et résumez-le à voix haute.

À voix haute, énoncez alors votre critique personnelle de ce texte.

La lecture devient un acte conscient, décidé, senti et jugé.

4

Étape

Quatrième étape : l'acte différé

« J'ai encore oublié ! »

Tous les soirs vous vous dites : « J'ai encore oublié de téléphoner à ma mère ou encore d'écrire cette lettre, de prendre rendez-vous chez le médecin, d'aller à cette exposition ou de voir ce film à l'affiche qui m'intéresse. »

Que d'énergie perdue à ne pas faire !

Dans ces cas vous pouvez avoir recours à l'acte différé.

Exercice

Exercice

Vous allez programmer dans le temps et l'espace ce que vous voulez réaliser. Vous le notez sur votre agenda au jour et à l'heure choisis.

Après vous êtes posé les trois questions

1. Qu'est-ce que j'ai à faire exactement ?
2. Est-ce possible ?
3. Est-ce que je le veux vraiment ?

et répondu positivement, vous vous installez confortablement, vous fermez les yeux et mentalement vous allez vous sentir exécuter l'acte choisi, en accueillant toutes les sensations inhérentes à cet acte, dans le lieu et à l'heure sélectionnés auparavant.

Inutile de trouver les mots nécessaires. C'est la sensation globale de vous, en train de faire l'acte, qui est opérante.

L'acte terminé, respirez profondément et surtout réjouissez-vous de l'avoir fait.

Cet acte s'est inscrit en vous et vous n'y pensez plus jusqu'au jour J. Vous serez surpris de la simplicité avec laquelle vous l'exécuterez concrètement.

Là aussi, n'oubliez pas de vous en réjouir.

Vous utiliserez cet exercice en particulier en pratiquant le balayage du champ de conscience (voir plus loin).

5

Étape

Cinquième étape : les actes volontaires

Changement d'attitude

Qu'est-ce qu'une attitude ?

Qu'est-ce qu'un changement d'attitude ?

Quand nous voyons au loin quelqu'un marcher vers nous, nous disons : il est pressé… il est fatigué… il a un pas léger. Cette personne ne nous a encore rien dit et pourtant son attitude nous a déjà informés sur son état d'esprit, sur son état de fatigue, sur ses sentiments.

Le travail sur l'état de présence va modifier notre attitude corporelle.

Notre attitude est le reflet de notre état de conscience.

Attention, nous ne pouvons pas décider d'un changement d'attitude si, au préalable, nous n'avons pas pris conscience de nos attitudes spontanées. Nos changements d'attitude sont le fruit de nos exercices.

L'acte volontaire est différent de l'acte conscient. Ce dernier se fait dans la réceptivité tandis que l'acte volontaire est émissif.

Quand vous faites un acte conscient, après l'avoir décidé, vous êtes dans la sensation de l'acte. « Je sens que je me lève et je sais que je me suis levé. »

Dans l'acte volontaire, vous allez sentir votre « vouloir ». Vous êtes alors dans l'élan de l'acte voulu. « Je veux me lever » et « je suis debout parce que je l'ai voulu. »

« *Cette distinction, qui peut paraître un peu subtile, a son utilité, car c'est le premier pas de la rééducation de la volonté*[11]. »

11. *Traitement des psychonévroses par la rééducation du contrôle cérébral*, DDB, 1993, p. 56.

Le doute de soi

Le doute de soi est le symptôme constant et le plus tenace de l'incontrôle cérébral. Le doute de soi peut conduire à l'échec tandis que la confiance en soi guide plutôt vers le succès.

N'entretenir que des pensées contraires aux actes qu'on veut accomplir, c'est le précepte négatif; n'entretenir en soi que des pensées conformes aux actes qu'on veut accomplir, se défendre de toute rêverie se rapportant à des événements où le doute, ou toute autre cause a conduit à l'échec, voilà le précepte positif!

Le docteur Vittoz dit: «...*quand on doute on est perdu. La confiance assure la réussite; elle décuple les forces et surmonte tous les obstacles. (...) La force est toujours proportionnée à la lutte; elle est en vous et vous pouvez toujours l'employer pour le bien*[12] ».

À l'action bienfaisante des pensées positives, ajoutons celle de l'attitude dans le travail, le repos, la marche ou le jeu. Pas de tête baissée, de dos voûté, de laisser-aller. Au contraire, une attitude énergique, souple et détendue (voir la marche consciente).

12. Docteur Roger Vittoz, *Angoisse ou contrôle*, Docteur P. d'Espiney, *Notes et pensées*, (Choix de textes sur la méthode Vittoz), Pierre Téqui, 1992, p. 107.

Le moment venu : agir comme si on avait la certitude du résultat.

Cependant ne pas tomber dans un excès d'assurance qui induirait un effet contraire. Écoutons ce qu'en dit, fort joliment, Fred Vargas[13] :

«... l'histoire de la main gauche et de la main droite. Main gauche... imparfaite, malhabile, hésitante, et donc productrice salutaire du cafouillis et du doute. Main droite, assurée, ferme, détentrice du savoir-faire, conductrice du génie humain. Avec elle, la maîtrise, la méthode et la logique. Attention, ... que tu penches un peu trop vers ta main droite, deux pas de plus, et voilà poindre la rigueur et la certitude, tu les vois ? Avance un peu plus loin encore, trois pas de plus, et c'est la bascule tragique dans la perfection, dans l'impeccable, et puis dans l'infaillible et l'impitoyable. Tu n'es plus alors qu'une moitié d'homme qui marche penché à l'extrême sur ta droite, inconscient de la haute valeur du cafouillis, cruel imbécile fermé aux vertus du doute ;... t'as deux mains, c'est pas fait pour les chiens. »

13. *Un peu plus loin sur ta droite*, éd J'ai lu, 2000, p. 21.

6

Étape

Sixième étape : la respiration

Respirer est naturel et pourtant !

Comment respirons-nous ? Nous respirons souvent « court », sans parler du souffle coupé par nos émotions.

Il est donc nécessaire de prendre conscience, en douceur, de notre respiration.

Exercice

Le corps qui respire

Premier exercice

Accueillez votre respiration, en ce moment, sans rien modifier puis sentez où ça respire et à partir de cet endroit posez successivement vos mains sur chaque partie de votre corps dans l'ordre suivant : creux de votre estomac, ventre, poitrine, bas de votre dos, nuque, tête pour y accueillir le léger mouvement de votre respiration.

Accueillez l'air qui rentre dans vos narines, qui passe dans votre gorge, vos poumons, vous sentez votre poitrine se soulever. Évitez de bomber le torse mais sentez votre cage thoracique s'élargir jusque dans votre dos. Aidez-vous de vos mains. Respirez ainsi deux ou trois fois en insistant sur l'expiration que vous prolongez jusqu'à la nouvelle inspiration que vous sentez rebondir toute seule. Puis sentez tout votre corps respirer. Sentez votre peau qui respire.

Installation centrée sur la respiration

Exercice

Deuxième exercice

Prenez conscience de vos points d'appuis.

Accueillez votre respiration telle qu'elle est.

Sentez les mouvements de votre poitrine et de votre ventre.

Portez votre attention à votre dos et sentez les variations de son appui sur le dossier aux divers temps de la respiration (à l'inspiration vous sentirez le haut de votre dos s'appliquant contre le haut du dossier, à l'expiration le bas de votre dos contre le bas du dossier).

Portez votre attention à vos épaules et prenez conscience de leurs mouvements rythmés par la respiration.

Essayez de suivre ces mouvements jusqu'à l'extrémité de chacun de vos doigts.

Portez maintenant votre attention au mouvement de votre tête.

Étirez-vous bien, sans vous faire mal.

Réceptivité au mode de respiration avec l'aide d'un ballon en mousse

Exercice

Troisième exercice

Vous accueillez le ballon dans vos mains, sa texture, son poids, sa couleur.

Vous synchronisez de légères pressions du ballon avec les mouvements de votre respiration.

Prenez conscience du temps de la respiration, inspiration ou expiration, sur lequel vous appuyez sur le ballon.

Vous allez maintenant inverser les temps d'inspiration ou d'expiration. Par exemple, si vous avez appuyé en inspirant, vous allez maintenant appuyer en soufflant ou inversement.

Vous pouvez continuer l'exercice en choisissant le mode dans lequel vous êtes le plus à l'aise. Prenez le temps d'expérimenter et d'éprouver ces deux façons de faire.

Réceptivité aux mouvements corporels du lâcher prise

Exercice

Quatrième exercice

Vous allez, sans vous faire mal, serrer le ballon le plus fort possible.

Marquez un léger temps d'apnée puis laissez le ballon reprendre son volume d'origine le plus lentement possible en accueillant votre souffle et, dans la paume de vos mains, la pression du ballon qui se regonfle.

Répétez l'exercice plusieurs fois.

Revenez à la sensation de votre respiration, accueillez maintenant les formes et les couleurs, la pièce autour de vous, et étirez-vous doucement.

Exercice

Vécu du lâcher prise

Cinquième exercice

Vous allez maintenant expérimenter deux ou trois fois ce temps de l'exercice précédent, puis vous lâcherez le ballon.

Accueillez maintenant la sensation de vos mains disponibles, repérez si vous avez lâché le ballon avant ou après qu'il se soit regonflé.

Expérimentez alors la façon que vous n'avez pas utilisée.

Revenez à la sensation de votre respiration, accueillez maintenant les formes et les couleurs, la pièce autour de vous, et étirez-vous doucement.

Respiration d'énergie

Exercice

Sixième exercice

Passage du dedans au dehors, cette respiration rythmée anime notre corps.

Prenez l'air qui apporte l'énergie et rejetez l'air vicié.

À la fin de l'inspiration maintenez, ne serait-ce qu'un quart de seconde, les poumons pleins. Cette rétention mobilise une énergie calme.

Elle permet éventuellement de faire face à la peur, à l'émotion avant que la panique n'arrive.

À l'expiration, avec l'expulsion de l'air vicié, c'est votre énergie physique qui s'exprime. Prenez conscience de votre capacité d'énergie. Vous pouvez alors appliquer cette énergie sur une idée suivie d'une réalisation pratique.

Ce sont parfois les idées négatives qui absorbent et usent l'énergie, vous donnant une impression de fatigue.

J'inspire : je prends l'énergie.

Je bloque : je fais face à la peur, à l'émotion, je me sens capable, j'ai l'énergie

J'expire : je veux, je peux, je suis capable.

La respiration

« *Pourquoi tant de gens ont-ils du mal à respirer librement ? C'est que la respiration produit des sensations et que nous avons peur de sentir* » dit-on.

Sentir et ressentir. Toutes les émotions du passé, bien enfouies deviennent source d'angoisse.

Combien de fois, enfant, nous avons du retenir nos pleurs, visage tordu, gorge et poings serrés, ravalant colère et rage… à en perdre le souffle ! C'est évident : sans une respiration large et profonde pas de santé physique.

Apprenons à vivre notre respiration.

7

Étape

Septième étape : le contrôle des idées

Le Docteur Vittoz nous dit : « *Le contrôle des actes étant acquis, nous passons au contrôle des idées*[14] ».

Le contrôle des idées-l'état de conscience

Une à plusieurs fois par jour, notez avec simplicité comment vous vous sentez dans votre corps, votre tête, votre cœur. Trois mots devraient vous suffire !

Rigueur

« Depuis quelque temps je suis travaillée par le mot rigueur.

Rigueur des règles du cadre psychothérapeutique ;

Rigueur de mon alimentation ;

Rigueur de mes lectures quotidiennes ;

Rigueur de finir ce que je commence ;

14. Docteur Roger Vittoz, *Traitement des psychonévroses par la rééducation du contrôle cérébral*, DDB, 1993, p. 58.

Rigueur d'organisation ;

Rigueur pour donner le meilleur de moi-même ;

Rigueur parce que c'est bon pour moi et bon pour les autres ;

Rigueur dont je commence à comprendre le sens et l'utilité ;

Rigueur - discipline – méthode.

Qu'est-ce que je veux ?

Devenir rigoureux. »

Le contrôle des idées-la concentration

Attention

« Attention ! Faites donc attention ! »

« Il ne fait pas attention. »

« Comment soutenir l'attention des élèves, de l'auditoire ? »

« Fautes d'inattention. »

« Dites-lui donc de faire plus attention à ce que je dis. »

« Pourquoi elle ne fait pas attention ? »

Remarques entendues tellement de fois.

Remarques si irritantes !

Outre quelques recettes du style :

« Travaillez en silence »

« Ne vous laissez pas déranger »

« Écoutez quand je parle »

« Dites à votre enfant qu'il doit m'écouter »

quelqu'un vous a-t-il expliqué qu'il existe deux sortes d'attention : l'attention réceptive et l'attention émissive ?

Pour le Dr. Vittoz l'attention peut être une réceptivité prolongée ou une concentration.

Pour faire attention nous devons d'abord être réceptifs.

Nous devons donc exercer notre réceptivité.

Ce sont ces exercices qui, par leur répétition, vont développer l'attention, lui rendre sa souplesse et son efficacité.

Nous savons que l'attention se perd quand le contrôle cérébral s'affaiblit.

Les causes du manque de contrôle cérébral sont le plus souvent des chocs de l'enfance, gros choc isolé ou petits chocs répétés dont on ne retrouve pas forcément la trace. Peu importe, poursuivons nos exercices de réceptivité et de concentration pour retrouver nos facultés d'attention.

L'attention n'est pas exempte de volonté. Nous devons décider de maintenir notre attention sur une tâche. La répétition des exercices de réceptivité et de concentration, du fait de l'entraînement et des résultats obtenus, développe en même temps la volonté. Le plaisir de la réussite et les encouragements des progrès stimulent la volonté qui se renforce sans que ce soit énoncé comme étant le but visé au départ.

Rééduquer l'attention est une tâche ardue nécessitant souplesse et créativité pour varier les exercices pratiqués.

L'acceptation d'un résultat décevant permet de mobiliser sa volonté sur un projet mieux adapté, mieux préparé, voire accepter un renoncement face à l'évidence d'une erreur d'objectif.

« La concentration est la faculté de pouvoir fixer sa pensée sur un point donné, de suivre le développement d'une idée sans se laisser distraire, simplement de pouvoir s'abstraire dans une lecture, dans un travail quelconque[15]. »

Le contrôle des idées-la concentration

Exercice

Concentration sur une sensation

Premier exercice

Gardez l'impression reçue d'un objet que vous avez vu ou touché, l'impression de sons que vous avez entendus ou de la saveur d'un aliment que vous avez goûté. Retrouvez mentalement des odeurs familières.

15. Docteur Roger Vittoz, *Traitement des psychonévroses par la rééducation du contrôle cérébral*, DDB, 1993, p. 62.

Exercice

Concentration sur un point du corps

Deuxième exercice

Concentrez-vous successivement sur votre main droite, votre main gauche, votre pied droit, votre pied gauche, votre poitrine, votre dos, etc.

Exercice

Concentration sur des graphismes

Troisième exercice

Sur une feuille de papier tracez des graphismes en sentant votre geste.

Puis refaites le geste mentalement en sentant le tracé de cette figure sur un support de votre choix.

Vous pouvez vous exercer avec :

- une spirale qui se referme sur un point bien net en son centre ;
- une clef de sol, les créneaux, l'éclair ;
- une enveloppe dépliée (ne pas repasser 2 fois sur un même trait, ne pas lâcher le crayon).

Refaire ces exercices mentalement, lentement, sans tension. (En cas de fatigue revenir aux exercices simples de réceptivité).

Exercice

Concentration sur le signe de l'infini

Quatrième exercice

Tracez dans l'espace le signe de l'infini avec le bras droit puis avec le bras gauche.

Tracez sur une feuille de papier le signe de l'infini, puis fermez les yeux et suivez mentalement ce tracé sur un support de votre choix.

Vous pouvez aussi le tracer avec les yeux ouverts ou fermés.

Écran mental

Travailler sur un écran mental c'est se voir ou se sentir mentalement :

- tracer avec une craie blanche sur un tableau noir ;
- tracer avec un feutre de couleur sur un tableau blanc ;
- tracer avec un doigt sur une vitre embuée ;
- tracer des figures à l'ordinateur ;
- tracer au crayon sur un cahier ;
- tracer avec un doigt ou un bâton dans du sable sec, dans du sable mouillé, dans de la farine.

Aucune limite à votre imagination

L'écran approprié pour vous est celui qui est le plus « facile ».

Exercice

Concentration sur le chiffre 1

Cinquième exercice

Dans l'expiration, gestuez et prononcez à voix haute ou mentalement le chiffre 1, inspirez et refaites cela trois fois, puis quatre fois sans aucune pensée interférente.

Entre chaque 1 laissez un intervalle de repos de quelques secondes.

Exemple : 1 repos 1 repos 1 repos.

Le Dr. Vittoz dit que si vous réussissez cet exercice sept fois de suite votre concentration est adéquate.

Exercice

Concentration sur une idée

Premier exercice

Après une installation approfondie, «… *cherchez à développer mentalement une idée quelconque, à résoudre un problème, à résumer par écrit une lecture ou bien encore à écouter une conversation, une conférence, un temps déterminé, en vous efforçant de n'avoir aucune distraction, c'est-à-dire en arrêtant instantanément toute idée étrangère au sujet dont vous vous occupez. Considérez cela comme un simple exercice sans souci de performance*[16] ».

16. Op. cit., p. 67.

Exercice

Concentration sur l'idée de calme

Deuxième exercice

L'image de calme : Sans chercher, laissez venir le souvenir d'une occasion où vous avez été spécialement calme et détendu. Revoyez, sentez, revivez mentalement ce moment privilégié. Faites-le aussi souvent que vous pouvez de façon à rendre votre image opérante lors d'excitation ou de désarroi dans la vie quotidienne. Faites alors une reprise de quelques secondes, sentez vos pieds, vos mains, puis souvenez-vous de votre image de calme et revivez-la mentalement.

Prenez conscience de l'état de calme alors revenu.

Exercice

Concentration sur l'idée d'énergie

Troisième exercice

L'image d'énergie : elle s'obtient par la même méthode, en cherchant à ressentir sa force. Rappelez-vous telle occasion où vous avez dû vraiment et efficacement mobiliser votre énergie.

Vous pourrez utiliser cette image lors de moments de fatigue, de découragement, d'ennui.

Exercice

Concentration sur l'idée de contrôle

Quatrième exercice

Quand vos deux images de calme et d'énergie seront bien en place, vous pourrez vous entraîner à passer d'une image à l'autre, d'un état à l'autre entrecoupé d'une courte reprise.

« ... *dès que le malade peut être calme ou énergique quand il le veut, c'est qu'il peut se contrôler*[17]. »

17. Op. cit., p. 69.

8

Étape

Huitième étape : l’assouplissement du contrôle cérébral

Exercice

Exercice de l’échelle

Après vous être bien installé et après avoir pris une bonne respiration, vous accueillez votre tableau mental sur lequel vous allez vous sentir dessiner une échelle. Vous commencez par dessiner les deux montants que vous regardez. Vous respirez puis vous retrouvez votre corps et vous accueillez toutes les sensations de votre pied droit. Vous respirez et vous retournez à votre tableau mental. Vous dessinez alors un premier barreau. Vous regardez et vous voyez bien les deux montants et un barreau. Vous respirez et vous revenez à votre corps en accueillant toutes les sensations de votre pied gauche. Vous respirez et en revenant à votre dessin, vous vous sentez tracer un deuxième barreau. Vous regardez, vous accueillez le dessin, les deux montants et les deux barreaux. Vous respirez. Vous procédez de même en accueillant le troisième et le quatrième barreau tout en recevant successivement les sensations de votre bras droit et de votre bras gauche. Enfin vous vous sentez dessiner le cinquième barreau et après une respiration vous allez accueillir toutes les sensations de votre colonne vertébrale, symbole de votre unité.

C'est ce passage de l'émissivité à la réceptivité qui constitue le contrôle cérébral.

9

Étape

Neuvième étape : l'élimination-la déconcentration-la décentration

Vittoz nous dit : « *Nous avons appris au « malade », par la concentration, comment il doit fixer sa pensée ou son idée ; nous lui montrerons maintenant l'opposé, c'est-à-dire le moyen de faire disparaître une pensée de son cerveau*[18] ».

C'est ce que nous appelons la **libération du champ de conscience**.

18. Op. cit., p. 74.

Exercice

Élimination d'objets

Premier exercice

Vous posez trois objets sur une feuille de papier blanc. Vous accueillez ces trois objets en réceptivité visuelle. Vous fermez les yeux et vous les revoyez en image mentale.

Vous ouvrez les yeux, vous prenez en sensation un de ces objets dans votre main et vous le mettez hors de votre vue.

Vous accueillez la place ainsi libérée et les deux objets restants.

Vous fermez les yeux, vous revoyez la place libérée et les deux objets restants. Vous ouvrez les yeux.

De la même façon, vous retirez un deuxième objet que vous mettez hors de votre vue. Vous accueillez la place ainsi libérée et l'objet restant.

Vous fermez les yeux. Vous voyez mentalement les places libérées et l'objet restant. Vous ouvrez les yeux.

Vous retirez le dernier objet, vous accueillez la feuille ainsi libérée. Vous fermez les yeux et vous revoyez cette feuille libérée de tout objet.

C'est ainsi qu'on « apprend au cerveau » à écarter ou à éliminer une idée.

Exercice

Élimination de chiffres et de lettres

Deuxième exercice

3	2	4	5
~~3~~	2	~~4~~	5
	~~2~~		~~5~~

Choisir deux chiffres ou deux lettres, les écrire sur un tableau mental, en éliminer un et garder l'autre, reporter le chiffre ainsi gardé, l'accueillir puis le barrer.

On peut travailler ainsi avec des mots puis des phrases.

CHAPEA~~U~~
CHAPE~~A~~
CHAP~~E~~
CHA~~P~~
CH~~A~~
C~~H~~
~~C~~

Un peu entraîné, vous arriverez progressivement à éliminer des idées obsédantes, des peurs, voire des angoisses.

À force d'entraînement et de prise de conscience, l'élimination devient de plus en plus définitive.

Déconcentration

La déconcentration a pour but de donner de moins en moins d'importance à une émotion, une idée, un événement.

Exercice

Chiffres et lettres décroissants

Premier exercice

2 2 2 2 2 2 2 2 2 2

A A A A A A A A A

Sur une feuille de papier tracez un chiffre ou une lettre puis écrivez-le en caractères de plus en plus petits.

Refaites l'exercice mentalement.

Exercice

Exercice des bâtons

Deuxième exercice

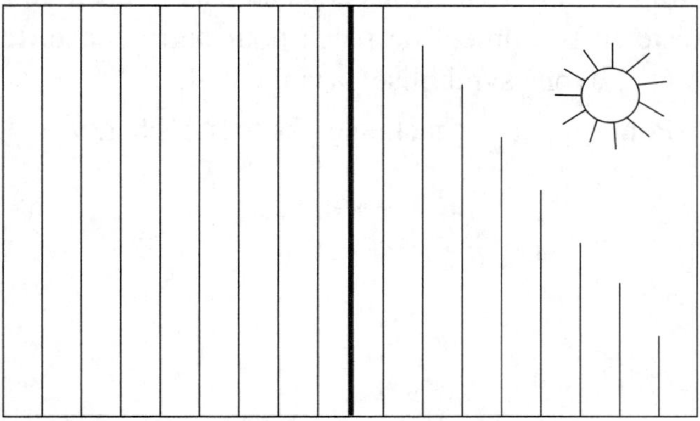

Prenez une feuille de papier blanc. Vous la pliez en deux. D'un côté en acte senti vous tracez des bâtons qui vont recouvrir tout l'espace. De l'autre, vous tracez ces mêmes bâtons mais en les diminuant de taille progressivement jusqu'à l'obtention d'un point. Ensuite, vous pourrez donner un sens à ces bâtons et vous recommencez l'exercice en symbolisant votre souci ou votre déception à l'aide de ces traits. Sur le premier côté, vous constatez que votre problème occupe tout l'espace ne laissant aucune place pour autre chose ; alors vous décidez de donner de moins en moins d'importance à votre problème et en conséquence vous tracez des bâtons de plus en plus petits. Ainsi symboliquement vous donnez de moins en moins d'importance à un événement désagréable ou à une simple contrariété. Vous constatez alors qu'il vous reste suffisamment de place pour autre chose. Ici nous l'avons symbolisé par un soleil.

« Pour un peu de gâché ne pas tout gâcher. »

Exercice

Libération en image mentale

Troisième exercice

Image mentale

Le travail en image mentale se fait les yeux fermés. Imaginer ou retrouver dans sa tête un ensemble de situations en utilisant le souvenir de sensations déjà éprouvées : formes, couleurs, sons, odeurs, toucher, etc.

En image mentale vous vous trouvez sur un pont au-dessus d'une rivière. Vous êtes encombré de quelques feuillages et fleurs fanées. Vous regardez l'eau et vous décidez de vous débarrasser de ce qui vous gêne en le jetant dans la rivière. Vous voyez alors ces feuillages desséchés s'éloigner au fil de l'eau. Vous les suivez du regard jusqu'à ce qu'ils sortent de votre champ de vision.

Alors tranquillement vous respirez profondément et faites votre reprise.

Décentration

La décentration permet de quitter un centre d'intérêt pour passer à un autre, une idée à une autre, une tâche à une autre.

Passage d'une concentration à une autre

Premier exercice

Bien installé, vous tournez la tête vers la droite et vous vous concentrez sur un objet, une forme ou une couleur. Vous fermez les yeux et revoyez mentalement cet objet, forme ou couleur.

En réceptivité vous revenez à vos points d'appui, votre respiration, votre corps.

Vous tournez alors la tête vers la gauche. Vous vous concentrez sur un autre objet, forme ou couleur. Vous fermez les yeux et revoyez mentalement cet objet, cette forme ou cette couleur.

Puis, en réceptivité vous revenez à vos points d'appui, à votre respiration, et à la globalité de votre corps.

Passage d'une concentration sur un point du corps à une concentration sur un autre point du corps

Exercice

Deuxième exercice

Bien installé vous vous concentrez sur un point de votre corps. Puis en réceptivité vous revenez à la globalité de votre corps, à votre respiration. Vous vous concentrez sur un autre point de votre corps. Vous pouvez ainsi passer de la main droite au pied gauche, etc.

Ces exercices vont vous entraîner à passer d'un centre d'intérêt à un autre sans qu'ils interférent.

Exercice

Travail sur les émotions

Troisième exercice

Vous avez une émotion ou vous faîtes revenir une émotion. Vous repérez le lieu de votre corps où elle se manifeste. Vous vous concentrez non sur l'émotion mais sur la partie de votre corps où elle se manifeste, la gorge, le plexus, le ventre par exemple.

Puis vous vous décentrez :

- sur un autre point de votre corps : pied, main, etc. ;
- puis vous accueillez votre corps dans sa globalité et revenez au lieu de l'émotion ;
- puis vous vous décentrez sur une réceptivité visuelle, tactile, etc. ;
- vous revenez à la globalité de votre corps puis au lieu de l'émotion ;
- vous laissez venir votre image de calme et vous procèdez ainsi avec les différents exercices que vous connaissez bien : respiration, concentrations, appels d'état, etc. ;
- à chaque retour sur le point de votre corps qui exprime l'émotion, vous la sentez décroître et parfois disparaître.

Qu'est-ce qu'un sentiment ? Qu'est-ce qu'une émotion ?

Une émotion se manifeste dans le corps par :

Larmes, cris ;

Tremblements ;

Boule à la gorge ;

Jambes en coton ;

Tachycardie ;

Etc.

Elle exprime une colère, une vexation, une surprise, un dépit, une joie.

Un sentiment est plus profond :

Amour ;

Haine ;

Mépris ;

Honte.

Le sentiment n'a pas besoin d'émotion pour se manifester mais il est la source des émotions. C'est parce que j'aime cette personne que je me vexe si elle me fait une remarque et je me vexe aussi parce que j'accorde un crédit à ce qu'elle vient de me dire.

Je peux être en colère contre quelqu'un que j'aime. Ma colère ne veut pas dire que je ne l'aime plus.

Les exercices vont nous aider à ajuster nos réactions émotives, à ne pas être submergés par elles, à les mettre à distance et si nécessaire à reconnaître leur source.

10

Étape

Dixième étape : la rééducation de la volonté

Avec la rééducation de la volonté nous sommes à l'aboutissement de notre entraînement fonctionnel.

La volonté est une force qui nous constitue mais souvent nous ne savons pas l'utiliser.

Quelles sont les conditions de la mise en action de la volonté ?

Au point de vue physiologique retenons

- l'effort de volonté se fait à l'aide d'une ample inspiration ;
- il existe presque toujours une contraction musculaire qui donne l'élan nécessaire.

La volonté

« Plus on est tendu et moins on peut vouloir. »

Parmi les fausses volontés nous trouvons :

- le désir qui est passif et propre au rêveur (à ne pas confondre avec la notion de désir en psychanalyse)
- l'impulsion, toujours passive et, de plus, dangereuse en raison de sa rapidité et de l'émotion dont elle est chargée. C'est le lot de l'agité.
- l'intention - la bonne et qui le reste. L'enfer en est peuplé, dit-on.
- l'entêtement - ténacité rigide qui ne peut s'adapter aux circonstances et se brise dans l'échec final.

La volonté, c'est savoir exercer sa capacité de décision.

« La volonté n'est pas un sentiment qui vient s'ajouter à une idée, c'est une énergie qui est en nous, indépendante de l'idée : une énergie libre, indépendante et intelligente ; énergie que nous déclenchons par une décision[19]. »

19. Docteur Roger Vittoz, *Angoisse ou contrôle*, Docteur P. d'Espiney, *Notes et pensées*, (Choix de textes sur la méthode Vittoz), Pierre Téqui, 1992, p. 89.

Exercice

La respiration d'énergie

Exercice

Nous reprenons ici l'exercice décrit dans le chapitre sur la respiration. En effet vous pouvez pratiquer le même exercice en l'abordant dans un contexte différent.

Vous inspirez une quantité d'air raisonnable, « je prends de l'énergie », vous la gardez en légère apnée 2 à 4 secondes et « j'ai de l'énergie », avant de souffler, vous dites mentalement « je veux » en contractant vos poings. (Vous mimez l'effort).

Puis vous soufflez en détendant les mains et le corps.

Conditions psychiques de la volonté: posez-vous les trois questions du Docteur Vittoz:

1- Savoir ce que l'on veut (idées floues, projets imprécis, etc.)

Qu'est-ce que je veux ?

2- Possibilité du vouloir (inutile de vouloir une chose impossible)

Est-ce que c'est possible ?

3- Sincérité du vouloir (doute, projets velléitaires, etc.)

Est-ce que je veux vraiment ?

Il est inutile d'entreprendre quoi que ce soit avant d'avoir répondu à ces trois questions.

Exercice

Exécuter une action

Exercice

Par écrit, notez, avec les termes les plus précis, une action à exécuter : ranger un placard, écrire une lettre, une démarche à faire, un voyage, une sortie, etc.

Vous vous posez les trois questions en étant bien présent à vous-même, à l'écoute des réactions de votre corps.

Vous sentez alors si vous voulez vraiment exécuter ce que vous avez écrit, si c'est possible et si vous êtes sincère.

Si vous répondez oui, vous vous dites : je fais ceci parce que je le veux.

Si vous répondez « non » :

- soit le projet n'est pas clair ;
- soit il est irréalisable ;
- soit vous ne le voulez pas vraiment.

Vous pouvez alors différer ce projet, il n'est pas mûr, ou constater que ce que vous voulez vraiment et ce qui est possible c'est, pour aujourd'hui, de ne pas faire ceci ou cela.

Dans ce cas, posez-vous à nouveau les trois questions de façon à ce que, quoi que vous décidiez, vous le fassiez parce que vous le voulez et non parce qu'il faut ou en regrettant ce que vous êtes en train de faire ou de ne pas faire.

Par exemple : je range ce placard parce que je le veux, c'est possible, je le veux vraiment.

Je ne le range pas, parce que je le veux, c'est possible, je veux vraiment ne pas ranger ce placard.

Vous passez ainsi du « je dois », « il faut », « j'aurais dû » au « jeu veux » et ceci pour aujourd'hui !

Garder son espace de liberté de décision est une gageure.

« Mal d'amour »

Ne plus subir mais « vivre son chagrin volontairement » et de la révolte, passer à l'acceptation.

Qu'est-ce que vous voulez ?

Qu'il m'aime.

Est-ce possible ?

Non.

Vous voulez continuer à vous sentir mal, à souffrir à cause de lui ?

Oui.

Je ne dis mot et poursuis :

Vous le voulez vraiment ?

Oui.

Est-ce possible ?

Oui.

Bien. Vous êtes là sur ce fauteuil, à cette place qui est la vôtre en ce moment. Cette place que personne ne peut vous prendre. Prenez conscience de votre position, de votre visage, de vos tensions. Accueillez-les, accueillez votre émotion, le serrement de votre gorge, vos larmes. » Et je détaille… À la fin de l'exercice, je lui demande d'accueillir son état. « Je me sens mal », c'est tout ce qu'elle peut me dire.

Et j'explique : *« vous vous sentez mal et, pour aujourd'hui, pour maintenant, vous le voulez. Vous voulez vivre votre chagrin, vos blessures. Vous n'êtes plus victime, vous êtes participante de votre état et c'est votre droit. Vous avez le droit d'aller mal si vous le voulez. D'aller mal pour aujourd'hui. Demain vous verrez. »*

Elle a acquiescé et elle est partie.

La séance suivante, la crise était passée... Cela ne veut pas dire qu'elle soit complètement délivrée ! Mais elle peut désormais accepter les crises de révolte. Elle a, à tort ou à raison, le droit de vivre son chagrin. Mais elle peut désormais refuser d'être une victime passive[20].

20. Extrait du livre « Face aux ruptures de vie » La méthode Vittoz, une réponse possible » Une production Vittoz IRDC,Chronique Sociale, 2000, pp. 28-29.

11

Étape

Onzième étape : le balayage du champ de conscience

Contrôle-Maîtrise

Nous avons tendance à employer les mots **maîtrise** ou **contrôle** indifféremment. Or, Vittoz a parlé de contrôle cérébral et non de maîtrise cérébrale. Maîtriser c'est se rendre maître de, dompter, contenir par la force.

Nous sommes là dans le registre du « volontarisme ».

Si nous allons chercher dans un dictionnaire étymologique le sens du mot contrôle, on trouve que ce mot fait allusion à un deuxième registre, un contre-rôle.

Autrement dit, le contrôle cérébral est une deuxième inscription de l'événement. C'est bien ce qu'énonce la définition du contrôle cérébral par Vittoz : « *Le contrôle cérébral… permet de juger, de modifier ou d'écarter, par le raisonnement, l'appréciation, l'évaluation et la volonté, toute sensation, impression ou idée*[21] ».

Nous établissons donc un contre-rôle, un deuxième registre, une relecture, en exerçant nos facultés de jugement qui nous permettent de qualifier nos sensations, nos impressions ou nos idées, en exerçant nos facultés d'élimination et de hiérarchisation et ainsi décider quelle importance nous allons accorder à ce qui nous arrive.

Le contrôle est aussi un terme en usage dans les douanes, le contrôle frontalier. Que fait le douanier ? Il permet ou non le passage des marchandises. Il exerce un tri.

Donc contrôle implique

- réinscription
- et tri… sélectif.

« Je n'ai pas vu les journées passer »

Pour éviter cet écueil nous vous proposons de pratiquer chaque soir un balayage du champ de conscience. J'utilise mon corps, mon cœur et mon cerveau comme outils de mesure de l'état dans

21. Docteur Roger Vittoz, *Traitement des psychonévroses par la rééducation du contrôle cérébral,* DDB, 1993, p. 17.

lequel je suis. Je peux choisir et décider quel exercice je vais utiliser pour rétablir ou maintenir mon contrôle cérébral.

Pour pratiquer le balayage du champ de conscience : reprenez votre journée, les événements et les faits l'un après l'autre. Déroulez votre journée comme un film :

- établir l'état de calme par une installation ou un appel d'état de calme ;
- retrouver et nommer l'état dans lequel vous vous sentiez dans votre corps, votre cœur et votre cerveau quand vous vous êtes réveillé ;
- dérouler le fil de la journée en qualifiant chaque fait.

Si la journée s'est bien passée s'en réjouir.

Appliquer aux problèmes qui se sont posés le procédé de tri vittozien ci-dessous :

- revivre et nommer l'état dans lequel vous étiez au moment du vécu de ce problème
- hiérarchiser : Quelle valeur vais-je attribuer aujourd'hui à l'importance de ce qui s'est passé ?

Au préalable établir une échelle de valeur

Exemples : de 1 à 20, de 1 à 10, de ça ne vaut rien à c'est très grave en passant par « c'est sans intérêt », « c'est à prendre en compte », etc.

L'essentiel est que vous prononciez intérieurement la « note » que vos attribuez à l'importance du fait.

Huit jours après réévaluez l'importance de ce qui s'est passé, puis un mois après, si nécessaire un an après.

- Puis pratiquez un exercice de décentration, de déconcentration ou d'élimination ;
- Posez les actes qui s'imposent et qui sont réalisables immédiatement ;
- Préparez les actes différés si nécessaire ;
- Faites une relaxation plus ou moins complète avant de reprendre vos habitudes.

D'autre part, d'une manière ponctuelle, vous pouvez dans la journée vous donner un temps pour prendre conscience de « comment vous vous sentez dans votre corps, dans votre tête, et dans votre cœur », en quelque sorte une prise de température. Sur un carnet, vous notez pour vous-même l'état dans lequel vous vous sentez maintenant mentalement, corporellement, et affectivement.

12

Étape

Douzième étape : la relaxation psychosensorielle

Vous allez vous installer confortablement, de préférence sur un divan, allongé sous une couverture, mais vous pouvez vous installer sur un fauteuil ou une chaise.

Cette induction convient pour une relaxation en position allongée. Vous pourrez l'adapter pour les autres situations.

Vous vous allongez, vous vérifiez que rien ne vous gène au niveau de la taille, du cou. Vous allez faire confiance à ce divan ce qui veut dire que vous lâchez toutes vos tensions, vous vous laissez porter.

Et maintenant, vous n'avez plus rien d'autre à faire plus rien d'autre à penser qu'à accueillir vos points d'appui sur ce divan, talons, jambes, fessiers, dos, nuque, et les bras de chaque côté du corps. Vous prenez conscience de la place que vous occupez, c'est votre place, vous la sentez bien dans toute sa longueur, des pieds, jusqu'en haut de la tête, la largeur de vos épaules, de vos hanches.

Puis vous prenez conscience de votre respiration, sentez que ça respire. Suivez le trajet de l'air le long de vos narines, dans votre gorge, vos poumons jusque dans votre ventre.

Installez votre respiration ventrale et respirez ainsi jusqu'à ce que vous ayez envie ou besoin de pousser un grand soupir. Alors vous soufflez et en soufflant, vous mettez de côté toutes vos préoccupations bonnes ou mauvaises, simplement pour mettre votre cerveau au « repos » pendant ces quelques minutes. Vous respirez tranquillement.

Mise en place de la réceptivité

Maintenant vous allez accueillir la sensation globale de votre tête, son poids sur le coussin, la détente de vos traits, la sensation de l'air sur le visage. Vous détendez vos mâchoires en sentant bien le poids de votre menton. Vous respirez tranquillement. Puis, vous accueillez la sensation globale de votre buste, sensation des vêtements sur la peau, mouvement que donne votre respiration à votre poitrine. Vous soufflez. Puis, vous accueillez la sensation globale de votre bassin, la sensation des vêtements sur la peau et le mouvement que donne vote respiration à votre ventre, vous soufflez. Vous accueillez la sensation globale de vos deux jambes, sensation des vêtements sur la peau, de la couverture et de la même manière vos bras de chaque côté du corps. Alors vous accueillez votre corps dans son poids, son volume, sa température, dans son unité. Vous êtes présent à vous-même.

Maintenant vous allez accueillir le bruit ou le silence qui vous entoure, la sensation qui vient sous la paume de vos mains là où elles sont posées, vous respirez, vous accueillez l'odeur de la pièce telle qu'elle est, si nécessaire vous ouvrez légèrement les yeux pour accueillir ce qui vient à votre regard simplement parce que c'est là ; formes, couleurs, ombres, lumières.

Alors vous fermez vos yeux et vous respirez tranquillement. Par vos sens vous êtes entré en communication avec le monde extérieur, vous êtes présent à vous-même, présent au monde, alors vous pouvez affirmer mentalement « j'existe parce que j'ai un corps. »

Mise en place de l'émissivité

Maintenant vous allez mettre de côté toutes vos pensées si c'est nécessaire et vous portez toute votre attention sur votre pied droit, vous vous concentrez sur votre pied droit puis vous accueillez la sensation qui vous est particulière, que votre concentration déclenche dans votre pied droit (chaleur, picotements, impression de gonflement, etc.)

et respirez tranquillement. Puis, vous portez toute votre attention sur votre jambe droite de la cheville jusqu'au genou, accueillez la sensation qui monte dans la masse du mollet le dessus de la jambe, puis portez votre attention sur votre cuisse du genou jusqu'à la hanche et vous accueillez la sensation de votre cuisse, alors vous accueillez toute votre jambe bien détendue, vous respirez tranquillement. Vous procédez de même pour votre jambe gauche, puis vous accueillez vos deux jambes bien détendues.

Maintenant, vous portez toute votre attention sur vos fesses en lâchant bien vos muscles fessiers, puis sur vos hanches et votre ventre, le tour de votre taille en accueillant à chaque fois la sensation que vous en avez. Puis vous portez toute votre attention sur vos organes génitaux d'homme ou de femme et vous respirez tranquillement. Maintenant vous portez toute votre attention sur votre buste, vous accueillez toute l'envergure de votre poitrine de la taille jusqu'aux épaules. Lâchez les tensions de vos épaules et respirez tranquillement. Maintenant, vous portez toute votre attention à votre dos et à votre colonne vertébrale qui est l'axe de votre corps. Vous allez suivre son trajet du coccyx jusqu'à la nuque en remontant vertèbre par vertèbre. Sentez bien dans le bas des reins, dans les creux de la taille, le bas du dos, le plat du dos jusqu'à la nuque et là vous sentez votre dos qui s'élargit de chaque côté de la colonne vertébrale. Laissez glisser les tensions si nécessaire, ne portez pas le monde sur vos épaules mais respirez tranquillement. Maintenant, vous portez toute votre attention sur vos mains, la paume des mains, le dessus des mains, les poignets, puis vos avant-bras et vos bras, accueillez vos deux bras bien détendus. Maintenant vous portez toute votre attention à votre visage, la largeur de votre front, vos sourcils vos tempes qui glissent vers les oreilles, vos paupières simplement posées sur les yeux qui regardent vers le bas, vos joues de chaque côté du visage, votre nez avec sa respiration tranquille, vos lèvres : détendez le pourtour de vos lèvres à l'extérieur et à l'intérieur de votre bouche, portez votre attention à votre langue, vos dents, l'humidité à l'intérieur de votre bouche telle quelle est, à votre machoire, puis vous portez votre attention à votre menton. Maintenant, vous portez votre attention à votre cerveau à gauche à droite, sentez qu'il se « détend » puis vous portez votre attention à votre cuir chevelu et à vos cheveux. Alors vous accueillez votre corps dans sa globalité et vous prenez conscience de l'état dans lequel vous vous sentez tel que vous avez pu l'obtenir aujourd'hui et mentalement vous le nommez.

La reprise

Respirez tranquillement puis tout doucement prenez conscience de vos points d'appui, de votre respiration. Vous allez commencer à bouger un peu les mains puis les pieds, sentir vos muscles dans vos bras dans vos jambes, vous soufflez, vous vous étirez un peu plus fort sans vous faire mal. Avec vos mains reprenez contact avec votre visage, votre corps. Vous soufflez et ce n'est qu'après avoir fait tout cela que vous ouvrirez les yeux pour accueillir la pièce dans laquelle vous êtes. Après un léger temps, vous vous asseyez, vous vous relevez avec soin.

<table>
<tr><th colspan="3">Méthode Vittoz la relaxation psychosensorielle</th></tr>
<tr><td>Ma place
Ici
Maintenant</td><td rowspan="3">Je vis
Je suis présent au monde
Je suis éveillé</td><td>Accueil de la place, du jour, de la date
Posez vos préoccupations et vos soucis.</td></tr>
<tr><td>Mes contacts
Mes appuis</td><td>Avec le matelas, ou la chaise, avec le sol.</td></tr>
<tr><td>Ma réceptivité sensorielle (réceptivité extéroceptive)</td><td>Vue
Ouïe
Odorat
Goût
Toucher</td></tr>
<tr><td>Ma respiration</td><td>Je respire</td><td>Accueil simple.</td></tr>
<tr><td>Mon schéma corporel
(réceptivité proprioceptive)</td><td>J'existe parce que j'ai un corps</td><td>Sentir les différentes parties du corps nommées les unes après les autres, en partant soit des pieds soit de la tête, puis accueillir la globalité de son corps dans son poids, son volume et sa température.</td></tr>
<tr><td>Mes concentrations sur les points du corps
Mon contrôle cérébral</td><td>Moi, je
Moi, je choisis
Moi, je décide</td><td>Concentration puis réceptivité sur tous les points de votre corps.</td></tr>
<tr><td>Ma reprise</td><td>Moi je prends conscience</td><td>Prendre conscience de son état et le nommer pour le mémoriser.
Étirements simples.
Ouvrir les yeux.</td></tr>
</table>

Troisième partie

Les exercices Vittoz, une philosophie du quotidien

Réflexions

Accepter, ce n'est pas se résigner

Face à un événement déplaisant, nous pouvons, je peux décider de l'accepter pour ce qu'il est, sans nous, me lamenter, parce que l'univers ne s'accorde pas toujours avec nos, mes désirs.

Il ne s'agit pas là d'une résignation passive et frustrante, mais d'une **attitude objective** face à ce qui est et qui à un moment donné ne peut être qu'ainsi.

Cela n'exclut pas la réaction, la lutte, mais la subordonne à une vision claire de la réalité.

Dès que nous assumons une attitude d'acceptation nous découvrons que nous pouvons mieux comprendre ce qui se passe, mieux apprendre ce que les circonstances nous enseignent et tirer avantage de ce que, malgré tout, elles nous offrent.

Nous devenons responsables du choix de notre attitude intérieure, au lieu de perdre notre temps à accuser émotivement le monde extérieur.

Un dicton indien affirme : « Si tu ne veux pas que tes pieds soient blessés par les épines, tu peux étendre un tapis sur toute la terre : mais il est plus facile et moins coûteux de t'acheter une paire de chaussures ».

La juste place

Nous avons tous une image idéale de nous-mêmes, déposée en nous par une personne que nous avons admirée et surtout, par toutes les exigences extravagantes qu'on nous a imposées enfant : être le plus beau, le meilleur élève, le plus souple, le plus fort, le plus silencieux quand il faut se taire, le parleur le plus habile quand il faut parler, etc. Et nous avons pris l'habitude de nous comparer.

Selon ces critères, nous devrions toujours accomplir une superaction qui n'a aucun sens et qui ne nous est pas possible, ce qui nous maintient dans un état d'échec, d'insatisfaction. Rangeons au placard la cape de superman.

Par la rééducation du contrôle cérébral, nous sommes amenés à découvrir ce qui est pour nous **l'action juste**, la vision juste, ce que nous sommes réellement, ici et maintenant, dans le droit fil des événements. Si nous sommes fatigués, il ne nous est pas demandé de déborder d'énergie.

Il y a ce que nous sommes avec nos dons, nos lacunes, nos capacités, nos limites physiques et intellectuelles. Nous devenons capables d'accepter ce qui est, et nous ne regrettons plus de ne pas être encore plus beaux, plus forts, plus dynamiques, plus intelligents, plus efficaces. Foin de la grenouille qui veut se faire aussi grosse que le bœuf.

Par contre, si nous ne connaissons ni n'acceptons notre réalité nous sommes condamnés à la longue souffrance de toujours nous comparer à celui qui nous paraît le plus beau, le plus fort, le plus intelligent.

N'importe lequel d'entre nous peut être bien dans sa peau en se situant à sa « juste place. »

« Je suis ce que je suis et je suis en paix. »

Poésie du quotidien

« Accueillir la couleur d'une rose
Et dans son corps le déliement du geste retrouvé,
Boire l'eau du robinet comme un nectar
Entrouvrir les yeux sur la lumière du jour comme l'enfant au réveil
S'émerveiller de tous les instants de la vie
Se laisser aller aux plaisirs des mots,
Ouvrir son cœur au soleil du regard de l'autre
Poésie subtile du quotidien retrouvé
Joie, joie, joie
Pascal dans notre vie
Musique de tous les bruits,
Chatoiement de toutes les couleurs
Beauté du monde pour chaque instant. »

Exemples d'application

Par ces exemples, nous voulons montrer comment ces exercices s'intègrent dans le quotidien.

Il y a un temps d'apprentissage, d'approfondissement où l'exercice sera exécuté dans un moment choisi : ce sont nos gammes.

Petit à petit, le « vécu Vittoz » va s'intégrer dans nos gestes quotidiens, non conflictuels, qui deviennent alors support de nos habitudes vittoziennes. Nous avons donné des exemples tout au long de cet ouvrage.

Mais il y a aussi ces moments où, déstabilisé, nous avons intérêt à avoir recours à une série d'exercices qui nous permet de retrouver notre contrôle cérébral. C'est le thème de nos exemples ci-dessous.

Parfois, dépassé par les événements nous « oublions » nos exercices. Ce n'est que plus tard que nous réalisons que nous aurions pu y avoir recours. Alors, sans regrets stériles ni culpabilisation, faisons-les, là, maintenant. Ainsi, progressivement, nous prenons l'habitude de réagir à l'aide de nos exercices et attrapons ce que nous nommons « le réflexe Vittoz. »

La tisane

Depuis plusieurs mois elle se sentait nerveuse. À son travail plus rien n'allait et l'atmosphère tendue lui pesait. En fait, elle était souvent nerveuse. Elle revenait de loin – la névrose, une vie familiale gâchée, la cigarette, l'alcool… Aujourd'hui, libérée, elle vivait bien mais réagissait avec émotion : elle restait « sur les nerfs ».

Elle « faisait » du Vittoz et son métier l'avait affrontée à une longue psychanalyse qu'elle jugeait réussie. La « guérison sans gloire mais avec plus de confort » dont parle P.-C. Racamier[22]. Depuis presque vingt ans, elle ne fumait plus, ne buvait plus mais… elle grossissait.

Elle avait toujours été « enveloppée » et ses différents régimes ne l'avaient pas délivrée de ce souci comme elle l'avait été des cigarettes, de l'alcool.

Ce matin-là, elle avait décidé de jeûner et l'avait annoncé à son compagnon. Sa matinée à elle avait été laborieuse et ses démêlés sur l'ordinateur lui avaient exacerbé les nerfs. Mais tout avait bien marché en fin de compte.

Tous deux savaient qu'elle travaillait trop !

Brice lui avait, en guise de repas et à sa demande, préparé une tisane. Elle n'avait qu'un quart d'heure avant son départ au Bureau. Un seul quart d'heure à passer ensemble et boire sa tisane. Il était midi moins le quart.

Elle et sa tisane.

Lui – il sort de la cuisine une assiette odorante à la main – il s'assoit et lui commente « c'est délicieux – c'est alsacien ». Il dissèque les ingrédients : une

22. P.-C. Racamier, *Le génie des origines, psychanalyse et psychose*, Éd. Bibliothèque scientifique, Payot, 1992, p. 113.

grosse crêpe, des petits lardons, de la crème fraîche…

Elle regarde, incrédule, l'énorme crêpe. Elle reçoit à plein nez son odeur… boit sa tisane à petites gorgées et brusquement, décide de partir avant l'heure. « Bon appétit » dit-elle gentiment sur le pas de la porte. Elle savait d'expérience que lui faire reproche ou simplement dénoncer l'incongruité de son attitude était voué à l'échec. Et plus encore, montrer qu'elle était touchée lui procurerait trop de jouissance !

Le trajet vers le métro. Désarçonnée. Il l'a fait exprès… Il est sadique. Elle prend conscience qu'elle n'a pas faim, qu'elle n'a pas eu envie de cette crêpe. Et pourtant… la colère, la colère face à cette attitude ostensible, à l'intention qu'elle suppute perverse. Ne pouvait-il attendre un quart d'heure, attendre midi pour se préparer ce repas ? C'est trop bête… Après tout il est libre… Libre de manger ce qu'il veut, quand il veut… On peut fumer ou boire devant elle, ça ne la tente pas… mais là… fragile… le ressentiment… la haine !

Assise dans le métro, elle reçoit le bruit… Pourquoi, mais pourquoi… ses pieds, ses fesses… Pourquoi ? Mais pourquoi ?

Les ruminations sont là… Elle prend son livre… Un roman d'aventure… Elle lit « Hannon ouvrit un volumineux dossier à couverture de carton noir rigide marqué « Ultra secret »… et en sourdine se poursuit son épuisante rumination… Pourquoi ?…

Elle ne sait pas ce qu'elle a lu !

Elle revient à sa page, la même phrase… La même rumination… « Hannon ouvrit un volumineux… » La colère… Le ressentiment !

Alors elle regarde son livre, elle le regarde vraiment – il est épais. Elle palpe cette épaisseur de toute sa pleine paume. Elle sent les cornes de la couverture, elle laisse venir à ses yeux les couleurs bariolées… et bien que dans le métro, elle lit à mi-voix. Elle écoute sa voix et prend existence. Elle se répète cette phrase de mémoire « Hannon ouvrit un volumineux dossier à couverture de carton noir rigide marqué « Ultra secret »… » puis visualise ce dossier.

Elle souffle – recommence – lit à mi-voix pour un public imaginaire – et calmée, elle poursuit sa lecture des yeux, présente à cette histoire qui l'intéresse.

Exercice Vittoz utilisé : la lecture consciente

Le conflit, dans ce témoignage, est un conflit de couple. Sa première réaction est défensive. Elle fuit. Elle a su, dans l'instant, éviter les reproches qui ne conduisent, chez eux, qu'à l'escalade de l'agressivité.

Cependant elle est assaillie de pensées négatives. Elle lutte, puis lâche prise sur ses pensées grâce au regard qu'elle porte à son livre. Commence alors une réelle **lecture consciente**.

Pour le Dr. Rosie Bruston cet exercice permet l'affirmation du Moi : *s'affirmer par rapport aux autres et conserver l'état de présence*[23].

Cet exercice, bien qu'utilisé dans un endroit peu adéquat, a répondu au besoin immédiat de cette personne.

Rancœur

C'était une nuit blanche, blanche comme la psychose du Dr. Jean-Luc Donnet[24], blanche comme le deuil blanc d'André Green[25] (2). Elle ne dormait pas. Elle sentait ses jambes frémir. « Les nerfs dans les jambes », les « jambes sans repos ». Elle cherchait le soulagement dans les régions glacées de son grand lit.

Elle avait épuisé une enfilade d'exercices de réceptivité et de concentration pour s'endormir, et même

23. Dr. Rosie Bruston, *Petit manuel de rééducation psychosensorielle en psychothérapie Vittoz*, DDB, 1981, p. 47-48.

24. *L'enfant de ça*, éd. de Minuit, Paris, 1973.

25. La mère morte, in *Narcissisme de vie, narcissisme de mort*, éd. de Minuit,1963.

ce fameux 1 qui vient et s'en va pendant tant de temps comme ces moutons d'autrefois qui vous narguent des heures durant.

Un bilan de sa journée. Insatisfaite. Elle décida d'éliminer. Mais quoi ? Le mot RANCŒUR s'imposa. Elle le regarda de biais, puis en face. Pourquoi ce mot ? De la rancœur… Bien sûr elle en voulait aux uns et aux autres mais pas plus que d'habitude et surtout pas au point de l'empêcher de dormir. Elle écrivit docilement, sans trop approfondir ce mot et commença à effacer le R, le A, le N.

Il lui restait CŒUR ;

Elle sut immédiatement qu'elle était arrivée.

RAN – Rendez à César ce qui est à César et à Dieu ce qui est à Dieu. Son désir profond d'aider un être cher « qu'elle avait à cœur » s'était transformé en un besoin impérieux de régler ses problèmes à sa place.

Elle sourit de son association et s'endormit.

L'exercice Vittoz utilisé : l'élimination

Là c'est cet exercice qui sera efficient.

La prise de conscience se fera à l'aide du mot « cœur », mot qui ressort de l'élimination des trois premières lettres du mot « rancœur ».

Derrière ce mot se cachait une forme d'amour abusif qui la taraudait.

La lettre

La lettre est arrivée au courrier du matin. Le choc la déstabilisa. Le bouleversement, puis la rage qui la prenait parfois, avec cette envie de hurler qu'autrefois elle ne contenait pas et qui la laissait figée, dans le silence bourdonnant qui suivait et l'horreur de ce qu'elle pouvait déclencher chez ses voisins, Dieu merci, toujours restés indifférents.

Le cri se transforma en une expiration prolongée. Une « reprise » dirait-on en langage vittozien. Son patient arrivait dans quelques minutes ! Elle se concentra sur cette lettre, puis se décentra sur la fiche de son patient. La rage continuait à frémir à bas bruit. Alors, elle se concentra sur un objet posé sur sa table tout comme elle invitait ses patients à le faire, revint à elle, laissant exsuder sa rage en une détente de tous ses muscles. Le vide « calme, calme »...Elle se décentra sur un autre objet, puis sur sa lettre, puis sur son image de calme.

Elle revint plus naturellement à la lettre, la posa dans sa corbeille « courrier à répondre » en acte conscient. Elle respira.

La sonnette tinta. Elle alla ouvrir.

Le soir, elle reprit la lettre, la posa devant elle, la relut. Elle sentit sa rage toute prête à revenir comme un mal de dent provisoirement anesthésié. Du vitriol au bout de sa plume, elle allait répondre. Des phrases, en flots explicatifs, bringuebalaient dans son esprit surchauffé. Un imperceptible sourire de triomphe ridait la commissure de ses lèvres.

Habituée à vivre en Vittoz, elle prit une feuille de papier. De grands traits la zébrèrent. Puis le rythme se régula. Les traits diminuèrent. « Est-ce si important ? » Ses lèvres retrouvèrent leur souplesse. Elle sentit le poids de son menton. Les traits s'espacèrent, plus légers et finirent en un point qu'elle seule pouvait deviner.

Alors posément, elle lut la lettre une dernière fois et répondit en quelques lignes.

Les exercices Vittoz utilisés

- La concentration/décentration
- L'appel d'état
- La déconcentration

Dans cet exemple, c'est le temps qui manque. La « reprise » doit être rapide.

L'exercice de concentration/décentration permet ce passage d'un objet conflictuel à un objet actuel et neutre – la fiche du patient. Le passage d'un objet à un autre permet de lâcher les tensions.

L'habitude de l'image de calme permet un retour au calme rapide. Mais ce n'est pas au moment de l'émotion qu'il convient de « trouver » son image de calme. Chacun doit l'avoir à disposition d'où l'importance de la répétition de l'exercice, l'importance du « dressage ».

La déconcentration incite à donner à l'événement perturbateur – ici représenté par de grands traits dessinés – de moins en moins d'importance.

Les bâtons décroissants de cet exercice symbolisent cette libération.

Bibliographie

Baudry M., *Essais de présentation critique et clinique de la méthode du Dr. Vittoz*, thèse de médecine, Marseille, 1948.

Bour P., *Les racines de l'homme*, Éd. Robert Laffont, 1976.

Bron-Velay L., *Pratique de la méthode Vittoz*, Levain, 1971.

Le conscient chez Vittoz, Téqui, 1980.

Une histoire vécue du Vittoz, Téqui, 1984.

Pratique de la méthode Vittoz, L.E.V.

Bruston R., *De la méthode du Dr. Vittoz à la psychologie des profondeurs*, Épi, rééd. 1983.

Petit manuel de rééducation psychosensorielle en psychothérapie Vittoz, Épi, 1981.

La psychothérapie Vittoz, une démarche de Libération, Épi/Desclée de Brouwer, 1994.

Bussillet M., *Habiter son corps Découvrir son être, Vittoz, une méthode, une psychothérapie*, Chronique Sociale, 2006.

Chauchard P., *La maîtrise de soi*, Dessart, 1963.

Apprendre à vivre et à penser avec le Dr. Vittoz, les petites voies de notre équilibre, L.E.V., 1992.

Chevalier S. (Le), *Rééducation du contrôle de soi chez l'enfant*, Levain, 1980.

Coste-Forcade A., *Oser la vie Vittoz, 100 praticiens pour en témoigner*, ouvrage collectif, Delachaux et Niestlé, 1991.

Danilo A., *La psychothérapie de Vittoz, vue pédagogique de l'équilibre humain*, Mémoire de philosophie, Université Paris Sorbonne, 1966.

Danilo A., Stevenin P., *Le corps dans la vie quotidienne*, Épi, 1974.

Dedet S., *Relaxation psychosensorielle dans la psychothérapie Vittoz*, Épi, rééd. 1986.

Dufour R. *Psychagogie de l'homme normal et en difficulté*, Thèse des psychologues praticiens, 1960.

Espiney P. (Dr. d'), *La psychothérapie du Dr. Vittoz*, Téqui, 1990.

Gay-Laurens M., *La psychosynthèse unicitaire, l'interdisciplinaire*, Limonest, 1990.

Junod A. *Obsession neurasthénie-Les vibrations cérébrales*, Téqui, 1985 (première édition 1933).

Laurent-Kaeppelin, *Qu'est-ce que la méthode Vittoz ? Un art de vivre*, Levain, 1980.

Ledoux F., *L'unicité de la personne par le développement de la réceptivité*, thèse de Doctorat, 1960.

Mingant M., *Vivre pleinement l'instant,* Eyrolles, 2007.

Montandon G., *Technique du traitement de la psychasthénie par la méthode Vittoz,* J.B. Baillère, 1942, (réédition L.E.V. Montréal, 1995).

Mortier J., *Réactiver les fonctions naturelles du cerveau : La thérapie Vittoz*, Téqui, 2005.

Vittoz pour les enfants, Téqui, 2005.

Salmiech C., *Triomphez de vos nerfs,* Le courrier du livre, 1976.

Fini le stress grâce à la méthode Vittoz, De Vecchi, 1990.

Présentation des exercices du Docteur Vittoz, Téqui, 1993.

Relaxation et détente par la méthode Vittoz, Vecchi, Paris 1995.

Van Slyck Thorn J., *Un manuscrit inachevé,* Téqui, 1994.

Vittoz R., *Traitement des psychonévroses par la rééducation du contrôle cérébral*, J.B. Baillère, 1911. Réédition DDB, suivi de Le Vittoz aujourd'hui, 1993.

Angoisse ou contrôle, Notes et pensées, Téqui, 1955.

Vittoz IRDC, *Développer l'attention, la concentration en classe, Vittoz et pédagogie*, ouvrage collectif, Chronique sociale, 2007.

Vittoz IRDC, *Face aux ruptures de vie, la méthode Vittoz, une réponse possible*, Chronique sociale, 2001.

Zéphir C., *Mon expérience du Vittoz*, Téqui, 2007.

Nos livres par collections avec indication du niveau de lecture

Ev : Eveil **Es** : Essentiel **S** : Synthèse

Comprendre les personnes

* **Le bébé et ses parents. 0 à 18 mois** A. Guillotte - 3e édition
* **1 à 3 ans. Vers une personnalité autonome** - J.-F. Skryppczak - Roland Burlet - 3e éd.
* **3 à 6 ans. L'enfant metteur en scène de sa vie** - A. Guillotte - T. Lardier - 3e édition
* **L'œdipe. Moyen de libération** C. Maccio - Cl. Régnier - 104 pages 2e édition
* **5-12 ans. Les enfants et leur enfance** M. Richard - 104 pages - 4e édition
* **11-15 ans. Les enjeux d'une révolution** A. Donval - O. Thibault - R. Gattegno - 112 p. - 6e éd.
* **14-18 ans - L'adolescence** M.-F.Jallade - 3e édition

* * *

ES * **À l'écoute des mots de la démence** - Isabelle Vendeuvre-Bauters - 222 p.

Es * **À l'écoute du symptôme IVG** B. Avon - 168 p.

Es * **Abécédaire d'une anorexique -** M. Rochet - 96 p.

Es * **Accompagnement érotique et handicap** - C. Agthe-Diserents & F. Vatré - 160 p.

S * **Accompagner l'enfant trisomique** - D. Vaginay - 240 p. - 2e éd.

S * **Accompagner la maladie d'Alzheimer -** M. Personne - 208 p.

S * **Accompagner le placement familial** - G. de l'Espinay & C. Papalardi - 176 p.

Es * **Accomplir sa vie -** André Gromolard - 144 p.

Es * **Accroître le soin relationnel** B. Cuisinier - 368 p. - 2e éd.

Es * **Adolescence : les clefs pour comprendre -** Collectif - 212 p.

Es * **Adolescents, drogues et toxicomanie -** L. Gonet - 144 p.

S * **Adoption (l')** - A. Decerf - 190 p. - 2e éd.

Es * **Aider les enfants en difficultés d'apprentissage** - J.-C. Juhel - 364 p.

Es * **Aides-soignant(e)s en gériatrie** A.-M. et A. Crepet - 200 p.

S * **Alzheimer, l'aide aux aidants** J. Gaucher, G. Ribes, T. Darnaud - 144 p.

Es * **Animer un atelier de réminiscence** - A. Goldberg-160 p.- 2° éd.

Es * **Art dramatique et déficience intellectuelle** - Johane Doyon - 128 p.

Es * **Art-thérapie et maladie d'Alzheimer** - C. Hof - 120 p.

Es * **Atelier d'écriture et personnes âgées** - Monique Janvier - 160 p.

Es * **Autonomie et handicap moteur** - A. Loher-Goupil - 148 p.

Es * **L'avortement et le lien maternel** - Isabelle Tamian-Kunégel - 144 p. - 2e éd.

Es * **Choisir sa vie, Vivre ses choix** Philippe Lefèvre - 104 p.

Es * **Chronique d'une mort refusée** - J.-L. Gay - 160p.

Es * **Comment élever un enfant sans se/le jeter par la fenêtre** - D. Vaginay - 238 p.

Es * **Comment en finir avec les persécutions à l'école** G. Deboutte - 176 p.

Es * **Communiquer avec des personnes âgées** - M. Perron - 176 p. - 4e éd.

Es * **Comprendre la culture arabo-musulmane** - X. Remacle - 176 p. - 2e édition

S * **Comprendre la culture hindoue** - B. Tison - 208p

S * **Comprendre la sexualité de la personne handicapée mentale** - D. Vaginay - 199 p. - 2e éd.

Es * **Comprendre le vieillissement** - Libérer ses peurs - Apprivoiser sa vieillesse - D. Thiébaud - 98 p.

S * **Comprendre les jeunes** -S. Bévillard - 112 p.

S * **Le corps - Rôle et parole -** M.-L. Latour - 184 p.

S * **Les courants de la psychologie** M. Richard - 292 p. - 3e édition

Es * **La déficience intellectuelle** - J-C. Juhel - 408 p.

Es * **Dessine-moi un parent** - A. Deroo - 152 p.

Es * **Du paraître à l'être** - C. Hyerlé - 176 p.
Es * **L'écoute réciproque** - A. Gromolard - 104 p.
Es * **Écouter l'autre.** Tant de choses à dire - A. Vannesse - 96 p. - 4e éd.
Es * **En finir avec le tabac** - J.-L. Nicaud -128 p.
Es. * **Enfances populaire, Invisibles enfances** - S. Blanchet - 128 p.
Es * **L'enfant meurtri** S'en sortir sans rancune - G. Le Thi Mui - 160 p.
Es * **Ensemble face à la drogue** - Agir au quotidien - F. Mozzo-Counil - 192 p.
Es * **Être femme sur le chemin de Compostelle** - G. Dutey - 160 p.
S * **Être malade et apprendre** - O. Delorme - 224 p.
Es * **Éveil à l'enfant (l')**- C. Bopp-Limoge - 448 p.
S * **Face aux ruptures de vie** - IRDC Vittoz - 112 p.
Es * **Favoriser le développement de l'enfant** - J.-C. Juhel - 240 p.
Es * **Femmes en errance - De la survie à l'existence**- Ass. Femmes SDF (Grenoble-38)- 120p.
S * **Femmes et santé** - F. Desailly - 256 p.
Es * **Femmes musulmanes** - J. Criscuolo - 128 p.
Es * **Grandir dans l'ombre d'un parent alcoolique** - J.Allain-Vovard - D. Demaria - 112 p.
Es * **Groupes sectaires totalitaires (les)** - M. Bouderlique - 112 p.
ES * **Guérir de l'inceste** - M. Cauvent - 112 p.
Es * **Habiter son corps, découvrir son être** - M. Bussillet - 168 p.
Es * **L'homme et son langage** - Introduction à la linguistique - F. Poché - 160 p.
Es * **Imaginer et réaliser**, La marmite des professionnels en gériatrie - N. Lairez-Sosiewicz - 112 p.
S * **L'inné et l'acquis -** Inégalités "naturelles" et sociales - J-F Skrzypczak - 208 p. - 3e éd.
Es * **Intervenir en milieu familial** G. & J. Larocque - 124 p.
S * **Intimité, secret professionnel et handicap** - Collectif - 192 p.
Es * **Introduction à la psychanalyse de Freud -** M. Dethy - 152 p. - 6e éd.
Es * **Introduction à la psychanalyse de Lacan -** M. Dethy - 152 p. - 5e éd.
Es * **Introdiction à la psychologie d'Adler** - C. Rager 176 p.
Es * **Introduction à la psychothérapie populaire de Freud** - A. Appreau & H. Lasserre - 96 p.
S * **L'impact familiale de la maladie d'Alzheimer** - T. Darnaud - 160 p.
Es * **Itinéraires d'insertion -** Mireille Debard - 160 p.
Es * **Le livre du Moi -** Christian Staquet - 160 p.
S * **Maladie d'Alzheimer** - À l'écoute d'un langage - Dr L. Ploton -3e éd. - 176 p.
Es * **Maladies psychosomatiques et troubles de la sexualité** - M. Dethy - 120 p.
Es * **Mieux vivre nos désirs** - De la naissance à la fin de vie - Dr P. Lefèvre - 256 p.- 2e éd
Es * **Musique, thérapie et animation** - C. Rivemale - 158 p.
S * **Papé et sa maison de retraite**, T. Darnaud, 208 p.
Es * **Parler pour exister** - Créer des espaces de parole - C. Bizet - 208 p.
Es * **Parole d'enseignante** - L'école, les belles et la Bête - A. Peignault & M.-P. Degois - 288 p.
Es * **Parole de jeune -** J'ai mal à ma France - A. Ly & M. Gay - 192 p.
Es * **Parole de suicidaires** - Patrick, Annie et quelques autres - 136 p.
Es * **Pèleriner vers Compostelle,** G. Dutey - 192 p.
S * **La personne âgée -** Dr L. Ploton - 256 p. - 7e éd.
Es * **La personne autiste et le syndrome d'Asperger** - J.-C. Juhel - 312 p.
Es * **Polytoxicomanie,** Adefi - 208 p.
Es * **Pour une éducation de la liberté. -** C. Maccio - 208 p. - 4e éd.
Es * **Pratiques sportives et handicaps** - Joël Gaillard - 176 p.
Es * **Prendre sa vie en main** A. Gromolard - 128 p. - 4e édition
Es * **Processus clinique en éducation spécialisée** - M. Landry - 358 p.
S * **Psychologie de la désadaptation** J. Ratté - 402 p.
Es * **Réaliser un projet accueil petite enfance** - C. Schuhl - 120 p. - 2e éd.
Es * **Reconnaître le handicap psychique** - R. Baptiste - 168 p.
Es * **La relation d'aide** - L. Tremblay - 192 p.
S * **Re-créer les liens familiaux** - M. Savourey - 192 p.
Es * **Re-trouver l'estime de soi** C. Bizouard et D. Roche - 128 p.
Es * **S'épuiser ou se construire** - J. Bopp - 96 p.
Es * **Se reconstruire face à un cancer du sein** - J. Jehane - 128 p.
Es * **Secrets intimes - Secrets de famille** - M. Quesnoy-Moreau - 112 p.
Es * **Sectes** - Les manipulations mentales - M. Bouderlique - 128 p. - 3e éd.
S * **Sophrologie en pédopsychiatrie** J.-F. Fortuna - 208 pages
Es * **Subir ou rebondir après une agression -** C. De Mey-Guillaud & S Raguin - 128 p.

Es * **Taire et transmettre** - Martine Lani-Bayle - 192 p.

S * **Trisomie 21** D. Vaginay et coll. - 224 p.

Es * **La vie de la personne âgée** Dr A. Ladret - 128 p.

Es * **Violences familiale, scolaire et sociale** - P. Marc - 176 p.

Es * **Visages de la pauvreté** - C. Violette-Bajard - 160 p.

Es * **Vivre âgé jusqu'au bout** - A. Métral - 144 p.

Es * **Vivre après l'accident** J.-L.Simon - 152 p. - 2e édition

Es * **Vivre avec des personnes âgées** C. Pichaud - I. Thareau - 4e édition - 208 p.

Es * **Vivre avec son handicap** J. Criscuolo - 160 p.

Es * **Vivre en crèche** - Remédier aux douces violences - C. Schuhl - 80 p - 6e éd.

Es * **Vivre l'animation auprès des personnes âgées** - N. Lairez-Sosiewicz - 144 p. - 4e éd.

Es * **Vivre la boulimie** S. Riéty - 2e édition - 160 p.

Es ***Vivre la relation avec son bébé** - Allaiter - Dormir - Porter - N. Roques - 132 p.

Es * **Vivre la retraite avec sérénité** - Valois Robichaud - 208 p.

Es * **Vivre la sexualité - Encyclopédie illustrée** - D. Vaginay - Daniel Balvet - 176 p.

Es * **Vivre le deuil** - M.-F. Augagneur - 160 p. - 4e éd.

Es * **Vivre mieux au quotidien** - F. Gibert, C. Guyon-Gelin & A. Leca - 128 p.

S * **Vivre sa grossesse et son accouchement** - I. Brabant - 440 p. - 2e éd.

Es * **Vivre une relation d'aide** - C. Pichaud - 192 p.

Es * **Vivre une thérapie** - Histoires de pères - C. Merle - 112 p.

Es * **Voyage intérieur** - J.-Y. Bonnamour - 192 p. - 3e éd.

Savoir communiquer

Es * **À quoi sert l'autorité ?** V. Guérin - 224 p.-3e éd.

Es * **Adolescent, amour, sexualité** - Photolangage® - C. Beslile - 48 photos - Un livret

Es * **Améliorer la communication** M Barlow - 184 p.

S * **Animer et participer à la vie de groupe** - C. Maccio - 312 p.

S * **Animer, financer, communiquer un projet** - T. Noce - 264 p.

Es * **Apprendre, se distraire et créer avec le jeu** - 10 jeux à fabriquer - A. Bideau - 136 p.

Es * **Archives et documentation** - CARHOP - 160 p.

Es * **Augmenter son efficacité** - Y. Raffestin - 272 p.

Es * **Besoin d'écrire - Désir de (se) dire** - P. Guillaumin - 128 p.

Es * **Une clé pour les maths** - C. Augier & Y. Raffestin - 304 p. - 3e éd.

S * **Le code de l'information** - P.-Y. Chereul - 240 p.

Es * **Comprendre et maîtriser le bégaiement** - Collectif - 126 p.

Es * **Comprendre l'autre. Réussir ensemble** - E. Dupuy - 256 p.

Es * **Comprendre la presse** - Informer hier et demain - J.-J. Coltice - 128 p.

S * **Conflit - Comprendre et pouvoir agir** - R. Michit & T. Comon - 176 p.

Es * **Conflit dans la famille** - B. Trélaün - 160p

S * **Construire ma recherche** - J. Dumazedier chercheur-accompagnateur - G. Le Meurs - 256 p.

Es * **Créer par la parole** - P. Lebar - 144 p.

Es * **Cultiver sa mémoire** - C. Bizouard - 176 p.-5e éd.

S * **Décrire vos objectifs** - T. Noce - 192 p.

Es * **Deux bouts la relation** - Jean-Luc Mermet - 158 p.

Es * **Développer des relations de coopération en milieu professionnel** - M. Bernard - 112 p.

S * **Développer la fonction tutorale** Former et intégrer - B. Blanc - 336 p.

Es * **Devenir son propre médiateur** J.Timmermans - 160 p.

Es ***L'écoute - Attitudes et techniques** - J. Artaud - 192 pages - 5e éd.

Es * **Écrire au quotidien - Pratiques du journalisme** Collectif - 144 p. - 2e éd.

S * **Écrire et convaincre** - J. Glorieux - 240 p.

Es * **Écrire l'histoire de sa vie** -M. Barlow - 144 p.

Es * **Écrire la correspondance** - H. Lethierry - 208 p.

Es * **Écrire une recherche** M. Lani-Bayle - 152 p.- 2e éd.

Es * **Éduquer au vivre-ensemble** C. de Mey-Guillard - 96 p.

S * **Élaborer un projet** - T. Noce & P. Paradoswki - 432 p.

Es * **Être bien dans son corps, être bien dans sa tête** - B. Blanc - 240 p.

S * **Exercer une responsabilité -** C. Maccio - 416 p.

Es * **Faire parler l'enfant retardé mental -** J.-A. Rondal - 144 p.

Es * **Favoriser l'estime de soi à l'école** - Collectif - 144 p.

Es * **Le Français pour tous** -R. Burfin - 248 p. - 4e éd.

S * **Gérer le risque alcool au travail** - J.-P. Jeannin - 398 p.

S * **Gestion prévisionnelle des emplois et des compétences** - Agefos PME - CGPME - 176 p.

Es * **La grammaire expliquée -** Notions et exercices **-** M. Poirier - 240 p. - 2e éd.

Es * **Guide anti-stress de l'enseignant** - M. Isimat-Mirin - 128 p.

Es * **Guide de l'animateur de groupes** - C. Maccio-128 p.

Es * **Guide du formateur en situation** - C.-R. & et L.-G. Touati - 112 p.

Es * **Guide pratique de l'écrit** J.-Y. Bonnamour - 200 p. - 2e éd.

S * **Lire et comprendre** - J. Glorieux - 288 p.

D * **L'homme réseau** - Penser et agir dans la complexité - E. Duits - 160 p.

Es * **Invitation à l'expression orale** C. Bizouard - 144 pages - 7e éd.

Es * **Jeux coopératifs pour bâtir la paix** - Université de Paix Namur - 288 p.

S * **Management durable**, A. Astouric 128 p.

S * **Manager le changement, changer le management** - Agefos - 160 p.

Es * **Mieux gérer son temps** - F. Tlatli - 164 p. - 2e éd.

Es * **Mieux prendre la parole en public** - J.-P. Berrou - 152 p.

Ev * **Organisation et responsabilités** C. Maccio - Guy Nauche - 64 p.

Es * **Oser la relation**, Exister sans écraser - I. & B. Eliat-Serck - 128 p.

Es * **Un parcours pour l'embauche** M. Bourse - 176 p.

Es * **Peindre et comuniquer avec des personnes âgées –** N. Lairez-Sosiewicz - 88 p.

Es * **Penser et rédiger son projet d'activités -** F. Mézière - 112 p.

S * **PME et dialogue social** - M. Sandeau & H. Lasserre - 232 p.

S * **Pratique de l'expression**-C. Maccio-308p.-5e éd.

Es * **Pratiquer le dialogue** - Arts plastiques, écriture - O. & M. Neumayer - 256 p.

S * **Pratiquer le théâtre avec des personnes en difficulté** - M. Reynaud - 208 p.

S * **90 jeux d'écriture** - P. Frenkiel - 160 p. - 2e éd.

Es * **Quels repères pour grandir** - P. Béague - Fondation Dolto - 112 p.

Es * **La relation à l'autre - L'Implication Distanciée** M. Germain-Thiant et M. Gremillet-Parent - 128 p.

Es * **Relaxation sophrologique** J.-P. Blanchet - 136 p. - 4e édition

Es * **Rendre les élèves autonomes dans leurs apprentissages -** A. Simonato - 112 p.

Es * **Renforcer la cohérence d'un texte** - L. Pépin - 132 p.

Es * **Repérer et accompagner les troubles du langage** - D.-A. Romagny - 176 p.

S * **Des réunions plus efficaces** C. Maccio - 256 p. - 3e édition

Es * **Réussir la qualité par tous** B. Jacquin-Ravot - 144 p.

Es * **Réussir l'analyse d'un texte** A. Grange - 192 pages

Es * **Réussir le résumé de texte et la note de synthèse** - J. Profit - 144 pages - 8e édition

Es * **Réussir son mémoire professionnel -** A. Maffre - 144 p. - 3e édition

Es * **Sanctionner sans punir** - É. Maheu - 232 p. - 2e éd.

Es * **Savoir écrire un lire, un rapport, un mémoire…** C. Maccio - 176 pages - 4e édition

Ev * **Savoir rédiger** - Possibilité pour tous - R. Burfin - 112 p. - 5e éd.

Es * **Se construire par les arts plastiques** - É. Odier - 208 p.

Es * **Se détendre pour mieux apprendre** - M.Isimat-Mirin - 136 p.

S * **Se former à l'écrit** - 98 fiches C. Bezsonoff - 352 p.

Es * **(Se) former à l'entretien**-M. Germain-Thiant-140 p.

S * **Techniques de la vie en groupe** - C. Maccio - 312 p.

S * **Territoires et dialogue social** - H. Jacot - 160p

Es * **Vaincre ses peurs en mathématiques** - C. de Flancre - 96 p.

S * **Vivre - Accompagner un projet** I. Gillet & S. Scoyez - 260 p.

Es * **Vivre la communication** - Colette Bizouard - 160 p. - 7e éd.